Lüke / Michels / Steinert

Inklusion braucht gute Schulen – gute Schulen brauchen Inklusion

Ein Handbuch für Vielfalt im Lehren und Lernen

Band I – Leitbild und Pädagogische Konzeption

Handlungsfeld: Schulkultur

Lüke / Michels / Steinert

Inklusion braucht gute Schulen – gute Schulen brauchen Inklusion

Ein Handbuch für Vielfalt im Lehren und Lernen

Band I – Leitbild und Pädagogische Konzeption

Bibliographische Information der Deutschen Nationalbibliothek
Die Deutsche Nationalbibliothek verzeichnet diese Publikation in der Deutschen Nationalbibliografie;
detaillierte bibliografische Daten sind im Internet über http://dnb.d-nb.de abrufbar.

ISBN 978-3-556-06908-0

www.wolterskluwer.de
www.schulverwaltung.de

Umschlagkonzeption: Martina Busch, Grafikdesign, Homburg-Kirrberg
Titelbild: iStockphoto: © pinstock, © Christopher Futcher, © SolStock
Icons: © sharpnose – Fotolia.com und © zkyclear – Fotolia.com
Satz: MainTypo, Reutlingen
Druck: Williams Lea & tag GmbH, München
∞ Gedruckt auf säurefreiem, alterungsbeständigem und chlorfreiem Papier

Grußwort

Liebe Leserinnen, lieber Leser,
liebe Schulleitungen,
liebe Eltern,

seit der UNESCO-Weltkonferenz in Salamanca 1994 und mehr noch seit der UN-Behindertenrechtskonvention von 2006, die Deutschland 2009 ratifiziert hat, wird um Inklusion gerungen. Inklusion ist einerseits ein globales Anliegen, eine große Idee von einem friedvollen und respektvollen Zusammenleben aller, unabhängig ihrer Herkunft, ihres Geschlechts, ihrer Bildung, ihrer Religion, Kultur oder sexuellen Orientierung in einer gerechten Welt, andererseits eine lokale Herausforderung für jede Schule und jede Schulleitung. Es ist ein kontrovers diskutierter Begriff, obwohl wir uns doch mehrheitlich eine inklusive Gesellschaft wünschen. Man möchte fast von einem Dilemma sprechen, denn die Schule selbst erzeugt durch ihre strukturellen Bedingungen immer auch individuelle und gesellschaftliche Ungleichheit. Darauf – im professionellen Bewusstsein dieser Strukturen – differenzsensibel zu reagieren, ist ein hoher Anspruch; einer, dem sich Schule stellen muss, der jedoch nicht reibungslos und von Anfang an gelingen muss.

„Mistakes are the portals of discovery" (Fehler sind die Tore zu Entdeckungen), hat James Joyce gesagt. Wenn wir uns die Schulen anschauen, die seit 2006 mit dem Deutschen Schulpreis ausgezeichnet wurden, dann lernen wir von diesen guten Schulen vor allem: Ihre Schulentwicklungsprozesse verliefen nicht linear. Es gab Fehler, Krisen, rückläufige Entwicklungen, Stagnation, zu schnelles Vorangehen – aber immer eine Schulleitung, die wusste, wo sie hin wollte und nicht aufgab.

Erfolgreiche Schulleiterinnen und Schulleiter sind Persönlichkeiten, die sich nicht scheuen, Richtungen vorzugeben. Sie muten sich, ihrem Kollegium, den Schülerinnen und Schülern sowie den Eltern etwas zu, aber vor allem trauen sie ihnen auch etwas zu. Sie verstehen ihre Rolle als für die Schaffung förderlicher Bedingungen für Unterricht und Lernen sowie das Setzen und Erreichen ambitionierter Ziele wichtig. Sie schaffen Ressourcen für neue Entwicklung und geben Raum für Reflexion.

Wilfried Steinert ist dafür eines der besten Beispiele. Er weiß sehr wohl, welche Beharrlichkeit und Fehlertoleranz ein Schulleiter braucht, der sich mit dem Sortieren von Kindern nicht abfinden möchte. Nicht wenige Menschen haben darauf gewartet, dass er seine Erfahrungen zu Papier bringt. „Inklusion braucht gute Schulen – gute Schulen brauchen Inklusion", dieser Titel spricht für sich. Ergänzen möchte ich: Inklusion braucht gute Schulleitungen! Und: Eine erfolgreiche Schulleitung ist ins Gelingen verliebt: Ihre Interventionen sind lösungs- und nicht problemorientiert!

In diesem Sinne wünsche ich allen Leserinnen und Lesern jenen Erkenntnisgewinn, der mich beim Besuch inklusiver Schulen immer wieder ins Staunen versetzt und bereichert.

Prof. Dr. Michael Schratz[1]

Innsbruck, im September 2015

---

1   Dekan der School of Education und Professor am Institut für LehrerInnenbildung und Schulforschung, Universität Innsbruck; Sprecher der Jury des Deutschen Schulpreises.

Inhaltsverzeichnis

Einleitung oder: Seien Sie stur!

Liebe Leserinnen und Leser,
liebe Kolleginnen und Kollegen,
liebe interessierte Eltern,

Inklusion braucht gute Schulen, gute Schulen brauchen Inklusion. Davon sind wir fest überzeugt und setzen uns seit vielen Jahren in unseren unterschiedlichen beruflichen Zusammenhängen – jeder auf seine Art – dafür ein. Wir respektieren Zögern und Zurückhaltung, wir freuen uns über jeden, der mitmacht und „praktische Lösungen schafft, die als Illustrationen dienen können", wie es der auch in Deutschland bekannte schwedische Bildungsforscher Mats Ekholm im Gespräch mit uns formuliert hat (s. Interview auf S. 141).

Es ist sehr wichtig, dass gute Beispiele im besten Sinne „Schule machen" – von ersten Schritten mit wenigen Kindern bis hin zu weit fortgeschrittenen inklusiv arbeitenden Schulen. Wir brauchen Vorbilder und Illustrationen, Brückenbauer und Modelle des Gelingens; vor allem deshalb, weil die Ausgrenzung von Menschen, die nicht den allgemeinen Maßstäben und Vorstellungen entsprechen, eine lange Tradition hat. Bereits um 700 vor Christus fand im griechischen Sparta die Aussonderung aller missgebildeten Säuglinge statt: Alle Neugeborenen, die nicht dem Ideal des gesunden Kindes entsprachen, wurden von einer Klippe vor der Stadt in die Schlucht geworfen. Eine grausame Aussonderung, die wir uns heute nicht mehr vorstellen möchten. Bis hin zu den Gaskammern des Nazi-Regimes kennt unsere Geschichte viele Beispiele von Sortierung und Vernichtung derer, die als nicht lebenswert bezeichnet wurden.

Dabei wurden bereits um die Mitte des 19. Jahrhunderts die ersten Hilfs- und Sonderschulen für behinderte und lernschwache Kinder gegründet. Seitdem hat die Sonderpädagogik gezeigt, dass alle Menschen bildungsfähig und bildungswert sind. Und dennoch: Bis in die 60er Jahre in den alten Bundesländern (und bis 1989 im Gebiet der ehemaligen DDR) wurden geistig und schwerstmehrfach behinderte Menschen als nicht bildungsfähig bezeichnet und vom Schulbesuch ausgeschlossen.

Mit Beginn der 70er Jahre wurde in den alten Bundesländern begonnen, einige der bisher auf Sonderschulen beschulten Kinder wieder in die Regelschule zu integrieren. Trotz dieser Vorlaufzeit von etwa 45 Jahren ist der Anspruch auf gemeinsamen Unterricht längst nicht in allen Schulgesetzen der Bundesländer verankert (Stand: August 2015).

Inklusion ist ein Ausrufezeichen

Inklusion ist nun nicht einfach nur eine „neue" Idee, um der Integration von Menschen mit Handicap eine neue Bedeutung zu geben. Inklusion ist die Klarstellung – das Ausrufezeichen sozusagen – hinter dem Menschenrecht auf Bildung! Es gilt für alle – ohne Diskriminierung; vor allem dort, wo alle Kinder lernen!

Seit dem 26. März 2009 besteht in Deutschland dieser Anspruch auf inklusive Bildung. Durch die Ratifizierung der UN-Behindertenrechtskonvention erkennen die Vertragsstaaten an, dass Menschen mit Behinderungen ein Recht auf Bildung haben. Damit erklären sie, „ohne Diskriminierung und auf der Grundlage der Chancengleichheit ein inklusives Bildungssystem auf allen Ebenen und lebenslanges Lernen" zu gewährleisten.

Artikel 24 der UN-Behindertenrechtskonvention[1] beschreibt dies sehr genau und formuliert in „leichter Sprache"[2]:

> „Menschen mit Behinderungen haben das Recht auf Bildung. Die Länder, die bei dieser Konvention dabei sind, schauen darauf, dass es Schulen gibt, in die Menschen mit Behinderungen und Menschen ohne Behinderungen zusammen gehen können. Es soll auch Möglichkeiten für lebenslanges Lernen geben.
>
> …
> Die Länder, die bei dieser Konvention dabei sind, schauen darauf, dass kein Mensch ausgeschlossen wird, nur weil er eine Behinderung hat. Es dürfen auch Kinder mit Behinderungen nicht von der Schule ausgeschlossen werden.
>
> Alle Menschen mit Behinderungen haben das Recht auf eine kostenlose Schulbildung. Es muss darauf geachtet werden, dass diese Menschen die Hilfe bekommen, die sie brauchen, damit für sie das Lernen leichter ist und alle Schülerinnen und Schüler gemeinsam lernen können.
>
> Menschen mit Behinderungen sollen gleichberechtigt mit allen anderen Menschen in der Gemeinschaft leben können. Dafür lernen sie bestimmte Fähigkeiten und wie sie mit anderen Menschen umgehen.

---

1   Hier nachzulesen: http://www.un.org/depts/german/uebereinkommen/ar61106-dbgbl.pdf.
2   Eine leichte Sprache oder einfache Sprache ist eine besonders leicht verständliche sprachliche Ausdrucksweise. *Leichte Sprache* soll vor allem Menschen mit geringen sprachlichen Fähigkeiten das Verständnis von Texten erleichtern. Sie ist damit eine Form der Barrierefreiheit (s. auch Anhang).

Jeder Mensch mit Behinderungen soll genau die Dinge lernen und bekommen, die er braucht, wenn er in eine Schule geht. Zum Beispiel Blindenschrift oder Gebärdensprache. Oder wie man von einem Ort zum anderen findet.

Das heißt, dass alle Menschen mit Behinderungen immer die besten Möglichkeiten bekommen, wenn sie in die Schule gehen.

Dafür sollen Lehrer arbeiten, die sich mit solchen Sachen wie Blindenschrift oder Gebärdensprache auskennen. Es sollen auch Lehrer arbeiten, die selber Behinderungen haben, weil sie sich besonders gut auskennen.

Viele Menschen wissen gar nicht, was Menschen mit Behinderungen brauchen, wenn sie etwas lernen wollen. Es sollen möglichst viele Menschen darauf aufmerksam gemacht werden, was für spezielle Hilfsmittel nötig sind.

Es muss sicher sein, dass Menschen mit Behinderungen nicht diskriminiert werden. Sie müssen die Möglichkeit haben, gleich wie alle anderen Menschen in jede Schule zu gehen, in die sie gehen wollen.

Das heißt, dass alle die gleichen Bildungschancen und das Recht auf lebenslanges Lernen haben – und zwar dort, wo alle lernen! Denn es gibt keine Sonderrechte! Die UN-Behindertenrechtskonvention stellt klar, dass auch für behinderte Menschen die *allgemeinen* Menschenrechte gelten.

Doppelter Paradigmenwechsel

Inklusion bedeutet damit nicht nur das Zusammenleben und -lernen von Behinderten und Nichtbehinderten, sondern vor allem das Vermeiden von jedweder Ausgrenzung und Diskriminierung. Positiv formuliert: Wertschätzung der Vielfalt, Wertschätzung eines jeden einzelnen Menschen, eines jeden einzelnen Kindes. Hier möchten wir betonen, dass wir dies nicht im Sinne von karitativer Barmherzigkeit verstanden wissen möchten, sondern in Wertschätzung jedes Individuums.

Bezogen auf die schulische Bildung erfordert dieses Verständnis von Inklusion einen doppelten Paradigmenwechsel:

1. Bisher standen bei der Schulwahl folgende Fragen im Vordergrund:

- Ist das Kind schulfähig? (Schuleingangsuntersuchung)

- Welche Schule ist die richtige für mein Kind? (Schulwahl)

In einer Schule für alle, also in einer *inklusiven Schule*, muss die Frage nun lauten:

- Welche Rahmenbedingungen müssen wir schaffen, damit *dieses* Kind an *dieser* Schule die optimalen Lernbedingungen bekommt?

2. Die Sonderpädagogik hat in den vergangenen Jahrzehnten durch separate Beschulung die Bildungsfähigkeit aller Schülerinnen und Schüler aufgezeigt. Nun gilt es, diese hohe sonderpädagogische Kompetenz für die allgemeine Schule und damit für alle Schülerinnen und Schüler fruchtbar zu machen.

Eine gute Schule hat eine gute Ausgangsbasis

Es geht also nicht mehr um Sonderrechte, sondern um das Recht des einzelnen Kindes, *jedes* einzelnen Kindes, auf ganzheitliche Entwicklung und volle gesellschaftliche Teilhabe. Und weil wir wissen, dass die individuellen Begabungen des einzelnen Kindes – ob Hochbegabung oder geistige Behinderung, ob aus Indien oder aus Bayern, ob muslimischen oder christlichen Glaubens, ob Junge oder Mädchen – sich in der Gemeinschaft entfalten, muss alles vermieden werden, was zu einer Ausgrenzung führt. Eine gute Schule kann das! Sie schafft sowohl die Rahmenbedingungen für das Lernen ihrer Schülerinnen und Schüler als auch ein Klima der gegenseitigen Akzeptanz und Wertschätzung. Da beides in einer guten Schule in der Regel ohnehin vorhanden ist, hat eine gute Schule immer auch eine gute Ausgangsbasis für inklusives Lernen und Leben.

Wenn im Folgenden aufgeführt wird, welcher Rahmenbedingungen und Veränderungen der inklusive Unterricht in einer Schule für alle bedarf, dann gelten diese Anforderungen natürlich für alle Kinder – wie ausgeführt: Es gibt keine Sonderrechte. Im Umsetzen dieser Ansprüche wird sich Schule grundlegend verändern, und zwar hinsichtlich folgender Ansprüche:

- (Frühzeitige) individuelle Förderung eines jeden Kindes. (→ **individuelle Förderung**)[3]

- Nicht Defizit- sondern Ressourcen-Diagnostik; eine Diagnostik, die sich auf die „angemessenen Vorkehrungen" bezieht anstelle einer Zuweisungsdiagnostik. Gemeinsamer Unterricht und darin das Recht auf individuelle Unterstützung, wenn nur so die Entwicklung und Teilhabe an der Gesellschaft gewährleistet werden kann; ggf. individuellen Nachteilsausgleich (Laptop, Auszeiten etc.). (→ **Diagnostik und angemessene Vorsorge**)

- Nicht diskriminierende (Leistungs-)Bewertungen und Zeugnisse. (→ **Leistungsbewertung**)

- Multiprofessionelle Pädagogenteams an der Schule (Fachlehrkräfte, Sonderpädagogen, Schulsozialarbeiter, Schulbegleiter etc.). (→ **Personalentwicklung**)

---

3   Die Pfeile verweisen auf Stichworte in den insgesamt vier Bänden „Inklusion braucht gute Schulen – gute Schulen brauchen Inklusion", die ausführlicher behandelt werden.

- Möglichkeit zu Therapien in der Schule (Heilmittelerbringung). (→ **Kooperationen**)

- Ein nicht einschränkendes und nicht behinderndes Lernumfeld mit den entsprechenden Räumlichkeiten (→ **Ein inklusives Raumprogramm**)

  - Teilungsräume

  - Therapie- und Auszeitenräume

  - Lehrerarbeitszimmer

Veränderungen auf allen Ebenen

In einem ersten Überblick werden hier die wichtigsten sieben schulischen Bereiche kurz skizziert, auf die wir in den vier Bänden eingehen:

1. **Schulorganisation** (→ **Rhythmisierter Ganztag**)
   Inklusiver Unterricht erfordert Zeit zum Lernen und gemeinsamen Leben. Ideal ist eine gebundene, rhythmisierte Ganztagsschule. Sie braucht Räume für Auszeiten, Gruppenarbeiten und handlungsorientiertes Lernen, aber auch für Freizeit und Therapien.

2. **Angemessene Unterrichtsformen** (→ **Pädagogisches Konzept; → Unterricht in der inklusiven Schule**)
   Je heterogener eine Lerngruppe ist, je weniger ist Frontalunterricht möglich. Andererseits: Je offener, individueller und handlungsorientierter Unterricht ist, je mehr bedarf er der äußeren Strukturierung, um sich nicht in der Beliebigkeit zu verlieren. Ein inklusives schulinternes Curriculum sichert die Entwicklung der Schlüsselkompetenzen. Diskriminierungsfreie Formen der Leistungsbewertung müssen entwickelt werden.

3. **Multiprofessionelle Teams** (→ **Personalentwicklung**)
   In einer inklusiv arbeitenden Schule wird Team-Arbeit zur Selbstverständlichkeit. Die Zusammenarbeit von Fach- und Sonderpädagogen muss so gestaltet werden, dass die jeweiligen Kompetenzen sinnvoll eingebracht werden können. Die Zusammenarbeit mit Schulsozialarbeitern, Schulbegleitern (Integrationshelfern, Schulassistenten) und Schulpsychologen entlastet und bereichert die eigene pädagogische und erzieherische Arbeit.

4. **Eine Vielfalt von Schülerinnen und Schülern** (→ **Wie Schüler von Schülern lernen; → Lernen, wie man lernt; → Pädagogisches Konzept**)
   An erster Stelle steht die Entwicklung einer Sozial- und Selbstkompetenz, Erkennen der eigenen Stärken und Wahrnehmung des Mitschülers. Sie lernen, wie man lernt, und übernehmen Verantwortung für ihr eigenes Lernen und die Gestaltung der Klassen- und Schulgemeinschaft.

13

5. Einbeziehung der Eltern (→ Kooperation mit den Eltern)

Eltern müssen in einer inklusiven Schule als Verantwortungspartner ernst genommen werden. Sie sind in der Regel die besten Experten für ihre Kinder. Regelmäßige Eltern-Kind-Lehrer-Gespräche binden die Eltern in den Lern- und Entwicklungsprozess der Schülerinnen und Schüler ein und sind wichtige Steuerungselemente individuellen Lernens.

6. Einbeziehung der unterstützenden Dienste (→ Unterstützende Dienste)

Die Gestaltung und das Erscheinungsbild prägen die Atmosphäre in einer Schule und tragen zum Wohlbefinden bei. Deshalb ist die Entwicklung einer inklusiven Schule ein gesamtschulischer Prozess, in den auch das technische Personal einbezogen werden muss.

7. Kooperationen und Einbindung in Netzwerke (→ Kooperationen)

Eine inklusive Schule muss eingebunden sein in Region und Kommune. Inklusion lässt sich nicht gestalten ohne Zusammenarbeit mit den anderen Bildungsinstitutionen (Kindergarten, Grundschule, weiterführende Schulen, berufliche Bildung, etc.).

Gleichzeitig ist die Zusammenarbeit mit Eltern- und Behindertenverbänden vor Ort ebenso wichtig wie die Zusammenarbeit mit den Verbänden und Vereinen der Schülerinnen und Schüler mit Migrationsgeschichte.

Den Weg zur Veränderung gestalten (→ Schulentwicklung gestalten)

Wenn jemand eine Schule zu einer inklusiv arbeitenden Schule weiterentwickeln will, ist es zunächst sinnvoll, die eigene Schulsituation und das Umfeld zu analysieren und die Ressourcen, die schon vorhanden sind, wahrzunehmen. Die Ängste und Sorgen der Kolleginnen und Kollegen dürfen nicht bagatellisiert, sondern müssen ernstgenommen werden. Sie hängen oft damit zusammen, dass die Erfahrung mit dem Lernen in heterogenen Gruppen fehlt. Kenntnisse über besondere Herausforderungen der interessanten Kinder sind nur wenig vorhanden. Werden die Ängste nicht von Anfang an berücksichtigt und die Kritiker in die Planungen einbezogen, kann dies zu großen Problemen führen, wenn die ersten Verunsicherungen auftauchen.

Sicher werden nicht alle von Anfang an „Hurra!" schreien. Deshalb ist es gut, zu erkennen, wer den Weg unterstützt und wer als Kooperationspartner inner- und außerhalb der Schule gewonnen werden kann. Regelmäßige Gespräche mit wichtigen Schlüsselpersonen sind unerlässlich. Schulleiter Reinhold Pfeifer von der Bonner Bertolt-Brecht-Gesamtschule hat im Gespräch mit uns sehr authentisch geschildert, wie Inklusion auch nach einem „Rückschlag" Schritt für Schritt und mit Augenmaß für die jeweiligen Bedingungen der Schule gelingen kann (s. Interview auf S. 67).

Und natürlich müssen die Eltern mitgenommen werden. Hier ist oftmals Aufklärungsarbeit darüber zu leisten, welche Vorteile inklusiver Unterricht für alle, für die langsamen Lerner und für die Leistungsstarken bringt. Es zeigt sich immer wieder, wie zum Beispiel in der 2. JAKO-O-Elternstudie (2012), dass Eltern befürchten, Inklusion wirke sich auf ihre eigenen gesunden Kinder leistungsbremsend aus. Eine gewisse Ambivalenz wird deutlich, wenn Eltern gleichzeitig der Aussage zustimmen, dass die sozialen Fähigkeiten der nicht behinderten Kinder durch den gemeinsamen Unterricht gefördert werden. Noch deutlicher zeigt sich die Zerrissenheit der Eltern, wenn in der gleichen Befragung 84 Prozent für „gleiche Bildungschancen" für alle Kinder als wichtigstes politisches Ziel votieren! [4] Das Resümee der Autorinnen und Autoren: Im Hinblick auf inklusive Beschulung sind die Eltern so gespalten wie bei keinem anderen Thema. Somit ist inklusive Schule kein Selbstläufer – und Eltern in einen Dialog über die Entwicklung hin zu einer solchen Schule mitzunehmen, gehört zu den anspruchsvollen Aufgaben der Schulleitung[5].

Transparenz schafft Vertrauen

Nicht weniger anspruchsvoll ist die Motivation des Kollegiums. Ideal ist es, die Kolleginnen und Kollegen in gelingenden inklusiven Schulen hospitieren zu lassen. Das „mit eigenen Augen sehen", das Dabeisein und Mitmachen, wirkt – insbesondere in der Wiederholung – häufig deutlich intensiver als reine Information.

Aber wie auch immer Sie Ihren eigenen inklusiven Weg bzw. den Ihrer Schule anlegen werden: Die Entwicklung einer inklusiven Schule ist ein langfristiger Prozess, der es erforderlich macht, dass die Arbeit auf viele Schultern verteilt wird; in Steuerungs- und Arbeitsgruppen können die einzelnen Schritte delegiert, reflektiert und begleitet werden.

Nicht zuletzt scheint uns noch ein Hinweis unerlässlich zu sein, der vor lauter innerschulischer Arbeit häufig aus dem Blick gerät: Die Entwicklung der Schule zu einer inklusiven Bildungseinrichtung sollte durch eine umfassende Informations- und Öffentlichkeitsarbeit begleitet werden. Je mehr Menschen in Schulumgebung, Kommune und kommunaler Öffentlichkeit informiert sind, desto mehr Menschen können Sie auch in Ihrem Vorhaben stärken, wenn der Prozess ins Stocken gerät oder Rückschritte zu verkraften sind. Transparenz schafft Klarheit und Vertrauen!

---

4   2. JAKO-O-Bildungsstudie, Herausgegeben von Dagmar Killus und Klaus-Jürgen Tillmann, Waxmann-Verlag, Münster 2012, S.42 ff.

5   Weil wir selbst immer wieder erlebt haben, dass gut informierte Eltern den Schulentwicklungsprozess unterstützen und bereichern, empfehlen wir diesen Band und die folgenden Bände auch interessierten Eltern als Lektüre.

Den Weg der schulischen Inklusion in der Gesellschaft gestalten

Der Deutsche Verein für private und öffentliche Fürsorge hat in seinen Eckpunkten für einen inklusiven Sozialraum die gesellschaftliche Herausforderung und insbesondere die kommunale Verantwortung[6] wie folgt beschrieben:

(...) Wir leben in einer pluralistischen Gesellschaft, in der Menschen mit und ohne Behinderungen, alte und junge Menschen, mit oder ohne Migrationshintergrund gemeinsam Lebensräume nutzen und gestalten. Ein solidarisches Miteinander, in dem jede/r sein Leben individuell und selbstbestimmt in jeder Lebensphase – mal jung, mal alt, mal mit mehr Einschränkungen, mal mit weniger – gestalten kann, setzt gegenseitige Wertschätzung und die Erkenntnis voraus, dass sich jede/r gewinnbringend in die Gemeinschaft einbringen kann. Gelingt Inklusion nicht, sind Vernachlässigungen und Ausgrenzungen zu befürchten. Reparaturarbeiten zum Aufholen missglückter Inklusion sind aufwändig und ggf. kostspielig. Gelingt Inklusion, wird die **Gesellschaft durch ihre Vielfalt bereichert**, besteht weniger Anpassungsdruck für jede/n und wird Solidarität gelebt. (...) Inklusion ist eine **Herausforderung für die gesamte Gesellschaft**. (...)

Diese gesamtgesellschaftliche Herausforderung erfordert

- Bewusstseinsbildung auf allen Ebenen;

- mehr für Bildung, um zu einer flexiblen Ressourcen-Zuteilung zu kommen;

- vereinfachte Verwaltungsstrukturen sowie eine enge Kooperation von Jugendhilfe, Sozialhilfe und Schule; (→ **Vom Einzelfallhelfer zum Klassenassistenten**)

- eine Veränderung von der Schulaufsicht zur Schulentwicklungsunterstützung;

- eine aufgabengerechte Ausstattung der Schulen mit personellen, sächlichen und baulichen Ressourcen unter Berücksichtigung des Sozialindexes;

- qualifizierte Aus-, Fort- und Weiterbildung der Pädagoginnen und Pädagogen;

- Anpassung der Lehrerbildungsgesetze an die UN-Behindertenrechtskonvention.

---

6 Eckpunkte des Deutschen Vereins für einen inklusiven Sozialraum von Dezember 2011, hier nachzulesen: www.deutscher-verein.de (geben Sie in das Suchfeld „inklusiver Sozialraum" ein).

So leicht der Wunsch nach und die Notwendigkeit von Inklusion „abzunicken" ist, so verkennen wir doch nicht die „Mühen der Ebenen".[7] Diese gesellschaftlichen Aufgaben kann keine Schule alleine wahrnehmen. Aber wenn die damit verbundenen Anfragen, Problemstellungen, Erfahrungen und Herausforderungen nicht immer wieder in die Schulleitungskonvente, überregionalen Fortbildungen, Beratungen und die kommunalen Ausschüsse sowie in die Verhandlungen mit kommunalen Ämtern und Schulverwaltungen eingebracht werden, wird sich nur wenig im Bewusstsein ändern.

Deshalb haben wir mit den „Zwischenrufen" den inklusions-kritischen, unbequemen, mahnenden oder zögernden Stimmen in diesem Band einen pointierten Platz eingeräumt. Damit folgen wir dem Anspruch, den wir bei der Entwicklung einer pädagogischen Konzeption selbst formuliert haben: „Fragen und Einwände – wenn sie konstruktiv sind und angemessen eingebracht werden – in der Planung ernst zu nehmen (…)." (vgl. Kasten S. 122/123)

So lautet unser Appell also: Fangen Sie an! Orientieren Sie sich nicht an einem vermeintlichen Idealkonzept, denken Sie aber auch nicht zu klein! Schauen *Sie*, was für *Ihre Schule* nach und nach realistisch sein könnte. Und bleiben Sie am Ball! Inklusion braucht genau Sie!

Impulse, Beherztheit und „große Sturheit" (Mats Ekholm) wünschen Ihnen

Wilfried Steinert (ehemaliger Schulleiter der Waldschule Templin)
Stephan Lüke
Inge Michels

Bonn und Templin, im September 2015

---

7   Das geflügelte Wort stammt aus dem Gedicht „Wahrnehmung" (1949) von Bertolt Brecht (1898-1956): „Die Mühen der Berge haben wir hinter uns, vor uns liegen die Mühen der Ebenen." Brechts Worte werden zitiert, wenn ausgedrückt werden soll, dass ein Durchbruch zwar erreicht ist, die Praxis aber nun zur eigentlichen Bewährungsprobe wird. Quelle: www.redensarten-index.de (Stand August 2015).

Abb.1: Jedes Kind hat ein grundsätzliches Recht auf Bildung

Zwischenruf
Auch das differenzierte Schulsystem kann „einen wertvollen Beitrag zur Inklusion leisten"

Ein Gespräch mit Dr. Uwe Bettscheider

International Director der AFNORTH International School
Brunssum (AIS), Niederlande

Ist die AFNORTH International School Brunssum (AIS) in den Niederlanden ein gutes Beispiel für gelingende Inklusion?

Uwe Bettscheider: Ob die AIS ein gutes Beispiel für Inklusion ist, möchte ich nicht beurteilen, insgesamt kann man in meiner Schule jedoch durchaus sehen, wie Inklusion im Alltag funktioniert und welche Ressourcen notwendig sind. In den US-amerikanischen Abteilungen (Kindergarten bis Klasse 12) und in der britisch-kanadischen Grundschule (Kindergarten bis Klasse 5) wird inklusiv unterrichtet. Wir haben dafür extra geschultes und ausreichendes Personal zur Verfügung und ein Schulgebäude, das unterschiedlichen Bedürfnissen weitgehend gerecht wird. Auch wenn hier an der Schule besonders viel Geld für Inklusion ausgegeben wird, nehmen die Abteilungen dennoch nicht jedes Kind auf.

Warum nicht?

Uwe Bettscheider: Es gibt klare Regelungen, welche „special needs" die Schüler haben dürfen. Nur wenn die Schule die Resourcen hat, um die betroffenen Kindern ausreichend unterstützen zu können, werden sie aufgenommen. Auf der Basis einer solchen allgemein akzeptierten Zielsetzung sollte man meines Erachtens die inklusiven pädagogischen Konzepte auch an deutschen Schulen aufbauen.

Bedeutet Inklusion eigentlich automatisch auch eine Diskussion über Schulformen?

Uwe Bettscheider: Nein, ich kann der Salamanca Resolution[8] nicht entnehmen, dass nur noch eine einzige Schulform existieren sollte. Was man der Resolution entnehmen kann, ist: „ (...) dass jedes Kind ein grundsätzliches Recht auf Bildung hat und dass ihm die Möglichkeit gegeben werden muss, ein akzeptables Lernniveau zu erreichen und zu erhalten; dass jedes Kind

---

8 (http://www.unesco.at/bildung/basisdokumente/salamanca_erklärung.pdf vom 28.08.2015, S. 2).

einmalige Eigenschaften, Interessen, Fähigkeiten und Lernbedürfnisse hat; dass Schulsysteme entworfen und Lernprogramme eingerichtet werden sollten, die dieser Vielfalt an Eigenschaften und Bedürfnissen Rechnung tragen; dass jene mit besonderen Bedürfnissen Zugang zu regulären Schulen haben müssen, die sie mit einer kindzentrierten Pädagogik, die ihren Bedürfnissen gerecht werden kann, aufnehmen sollten (...)".

Das differenzierte Schulsystem kann durchaus einen wertvollen Beitrag zur Inklusion leisten und dieser „Vielfalt an Eigenschaften und Bedürfnissen" in bestimmten Bereichen vielleicht sogar besonders gerecht werden.

In dem deutschen differenzierten Schulsystem haben die unterschiedlichen Schulformen jeweils andere Bildungsaufträge ...

Uwe Bettscheider: Natürlich. Bei der Diskussion darüber, wie Inklusion implementiert werden kann, muss der Bildungsauftrag der unterschiedlichen Schulformen beachtet werden. Eine „zieldifferente" Beschulung als Norm zu setzen, halte ich für falsch. Damit wird man den einzelnen Kindern und Jugendlichen nicht gerecht. An einem Gymnasium stellen sich zum Beispiel die Fragen: Hilft man einem Langsamlerner, der in seiner geistigen Entwicklung weit zurück ist, indem man ihn in eine Klasse mit sehr leistungsstarken Schülern setzt? Oder führt man ihm in der Praxis nur seine „Unzulänglichkeit" täglich aufs neue vor Augen? Es gibt ausreichend Schülerinnen und Schüler mit „special needs", die die intellektuellen Fähigkeiten besitzen, ein Abitur oder Fachabitur anzustreben. Aus meiner Schulerfahrung heraus würde ich sogar sagen, dass es Schülerinnen und Schüler mit speziellen Bedürfnissen gibt (z. B. hochintelligente Kinder mit Asperger Syndrom), die auf dem Gymnasium besser aufgehoben sind als in jeder anderen Schulform. Eine differenzierte Diagnose des Handicaps und Empfehlung von Fachleuten an die Eltern, halte ich daher vor der Verteilung der Kinder auf die Schulen für unabdingbar.

Sind deutsche Schulen, Lehrer und Eltern ausreichend auf Inklusion vorbereitet?

Uwe Bettscheider: Eindeutig nein. Die Idee der inklusiven Gesellschaft ist komplex. Deren erfolgreiche Realisierung setzt eine breite gesellschaftliche Diskussion der Ziele voraus, die meiner Beobachtung nach nicht ausreichend geführt wurde und wird. Die zentrale Frage, die meines Erachtens bei der Implementation der Inklusion im Bereich der Schule permanent gestellt werden muss, ist: Hilft sie dem Kind? Und mit „dem Kind" meine ich alle Kinder, insbesondere – aber nicht nur (!) – das Kind mit den aus dem statistischen Mittel herausfallenden Eigenschaften und Fähigkeiten.

Wie bewerten Sie aus Ihrer Internationalen Schule in den Niederlanden heraus heute die deutsche Bildungspolitik?

Uwe Bettscheider: Ein allgemeiner Fehler, der bei der politischen Zack-Zack-Implementation neuer pädagogischer Konzepte meines Erachtens deutschlandweit immer wieder zu beobachten ist, besteht darin, dass man existierende, funktionierende Konzepte unberücksichtigt lässt. Mit dieser Vorgehensweise entwertet man nicht nur die Arbeit und Erfolge der Pädagogen, die schon sehr lange gute Arbeit leisten, sondern man verzichtet auf wertvolles Wissen, das sich im Laufe der Zeit im Wechselspiel zwischen Theorie und Praxis entwickelt hat – Demotivierung und Verunsicherung sind die Folge. Anstatt die Pädagogen von den Vorteilen neuer Konzepte zu überzeugen und sie im Prozess mitzunehmen, entwirft die Politik neue Rechtsverordnungen, die zügig und nicht selten ohne ausreichende finanzielle und personelle Mittel umzusetzen sind.

Und wenn man die Pädagogen „mitnimmt"?

Uwe Bettscheider: Dann hat man zumindest genügend Multiplikatoren, mit deren Hilfe man die Eltern davon überzeugen kann, dass die beabsichtigte Veränderung allgemein zu einer Verbesserung der gesellschaftlichen Bedingungen führt und damit auch zum Wohle ihres eigenen Kindes beiträgt. Ein abstraktes und gut gemeintes Konzept muss zunächst zur Diskussion gestellt werden, um auf diese Weise von einem breiten Konsens getragene Möglichkeiten zur Verbesserung und Realisierung von Inklusion zu eröffnen. Dazu braucht man allerdings Mut, Zeit und viel Vertrauen in die Menschen.

Abb. 2: Bildung macht Freude

21

„The winner is … die Waldhofschule Templin!" – Eine Preisträgerschule des Deutschen Schulpreises 2010 und ihre Geschichte

 ## Das Kapitel auf einen Blick

Die Geschichte der Waldhofschule Templin und

- Herausforderungen und Widerstände

- Humor

- Konzepte und Erfolge

- Leistungsbewertung

- ein begeisterter Politiker

- Eltern ernst nehmen

- ein kluger Umgang mit Heterogenität

- der Wald: ein besonderes Projekt

- das Netzwerk

Zweiter Anlauf: die Bertolt-Brecht-Gesamtschule in Bonn

„The winner is … die Waldhofschule Templin!" – Preisträgerschule des Deutschen Schulpreises 2010 und ihre Geschichte

Es war im Jahr 2003, als die Waldhofschule in Templin diesen neuen Weg einschlug: Die „Förderschule für geistig Behinderte", so die offizielle Bezeichnung, öffnete sich für alle Schülerinnen und Schüler. Zum damaligen Zeitpunkt für viele ein undenkbarer Weg, aber ein erfolgreicher. Nur sieben Jahre später, 2010, wurde die Waldhofschule für ihr inklusives Konzept mit dem Deutschen Schulpreis[9] ausgezeichnet. Die Erziehungswissenschaftlerin Prof. Dr. Anne Ratzki schreibt in ihrem Porträt über die Schule:

„An dieser Schule wird erlebbar, was Inklusion heißt, wie Integration zu Inklusion wird. Hier wird nicht eine Minderheit von Behinderten in eine Klasse von Nichtbehinderten integriert und erhält dort sonderpädagogische Förderung, sondern Behinderte wie Nichtbehinderte bilden hälftig eine Klasse, werden gemeinsam von Grundschullehrkräften, Sonderpädagogen und Erziehern unterrichtet und betreut. Die pädagogischen Konzepte werden bewusst und gezielt auf die unterschiedlichen Lernvoraussetzungen ausgerichtet (…) Die Schule achtet darauf, dass die gesellschaftlichen Lebensverhältnisse im Umfeld sich in der Schule wiederfinden, dass Kinder aus verschiedenen sozialen Schichten und mit verschiedenen Fähigkeiten aufgenommen werden. Heterogenität, Verschiedenheit ist pädagogisches Prinzip".[10]

Durch die konsequente Gestaltung ihres ganz eigenen Weges ist die Waldhofschule zum Modellbeispiel für eine inklusive Schule geworden. Hier werden die Chancen aufgezeigt, die für alle Kinder im gemeinsamen Lernen liegen. Beispielhaft wird deutlich gemacht, wie Grenzen und Barrieren auf dem Wege zur gemeinsamen Bildung überwunden werden können.

Erkennbar wird an dieser Schule aber auch, wieviel Kraft es kostet, Barrieren in den Köpfen und Strukturen zu überwinden, Menschen mit auf diesen gemeinsamen Weg zu nehmen, Verwaltungen zu überzeugen, Eltern zu gewinnen und Lehrkräfte zu motivieren, sich auf neue Lernwege einzulassen. Aber der Reihe nach: Auf den folgenden Seiten lernen wir die Waldhofschule nach und nach kennen.

---

9 Der Deutsche Schulpreis wird seit 2006 vergeben, getragen von der Robert Bosch Stiftung und der Heidehof Stiftung, in Zusammenarbeit mit der Deutschen Schulakademie. Der Hauptpreis ist mit 100.000 Euro ausgestattet, vier weitere Preise sind mit jeweils 25.000 Euro dotiert. Mehr unter: www.deutscher-schulpreis.de.

10 Was für Schulen! Individualität und Vielfalt – Wege zur Schulqualität, Buch zum Deutschen Schulpreis, Verlag Klett-Kallmeyer, 2010.

Kurzinformation zur Waldhofschule

Waldhofschule Templin – Eine Schule für alle

Es handelt sich um eine zweizügige integrative Grundschule mit den Jahrgängen 1 bis 6 für ca. 210 Schülerinnen und Schüler, davon die Hälfte mit sonderpädagogischem Förderbedarf.

▶ Angegliedert sind zwei Oberstufen- und drei Werkstufenklassen für etwa 50 Schülerinnen und Schüler mit dem Förderschwerpunkt „geistige Entwicklung".

▶ Insgesamt arbeiten in der Schule 37 Lehrkräfte, davon 23 Sonderpädagoginnen /-pädagogen sowie 14 Grundschul- bzw. Fachlehrkräfte; zusätzlich 11 pädagogische Fachkräfte, zwei Schulsozialarbeiter und eine Schulpsychologin. Für jede(n) steht ein individueller Arbeitsplatz in jahrgangsbezogenen Lehrerarbeitszimmern zur Verfügung.

▶ In jeder Klasse lernen und leben bis zu 18 Kinder (davon maximal 50% mit sonderpädagogischem Förderbedarf), für die jeweils zwei bis drei Pädagogen unter Leitung einer sonderpädagogischen Lehrkraft im Rahmen eines Präsenzzeitmodells zusammenarbeiten (35 Std. Präsenzzeit, davon 28 Std. aktive Arbeit mit den Kindern).

▶ Für jede Klasse stehen ein Klassen- und ein Gruppenraum inklusive Küchenzeile zur Verfügung. Ein Exploratorium und eine Schülermediothek unterstützen das selbst gesteuerte „forschende Lernen". Therapie- und Auszeitenräume sowie ein Snoezelraum ermöglichen individuell gestaltete Lernprozesse.

▶ Um auch in der Stundenplangestaltung mehr Raum für handlungsorientiertes, fächerübergreifendes Lernen zu geben, wurden folgende Freiräume geschaffen: Jeder Tag beginnt mit einer halben Stunde Frei- bzw. Wochenplanarbeit. Der Freitag ist im Stundenplan ausschließlich als Projekttag ausgewiesen, den die Klassen allein oder in Zusammenarbeit mit anderen Klassen nutzen können, um für sie wichtige oder interessante Themen und Projekte zu gestalten. Der im Stundenplan integrierte Neigungsunterricht (auch zur Entdeckung und Förderung von Begabungen) bietet den Kindern dreimal (montags, dienstags und donnerstags) die Möglichkeit, aus gegenwärtig etwa 40 Neigungsangeboten zu wählen.

▶ Ein von den Eltern mitgestalteter naturnaher Spielplatz im Wald mit vielen Buden und Kletterbäumen bietet den Schüler/innen hervorragende Möglichkeiten zur kreativen Entspannung und zum Austoben. Weitere Möglichkeiten bieten ein Bolzplatz, der Verkehrsgarten und ein als Schülerfirma geführter Streichelzoo.

▶ Durch das Waldprojekt (Pachtung von 730 ha Stadtwald durch die Waldhofschule) werden ganzheitliche Formen des Lernens zusätzlich ermöglicht.

▶ Es handelt sich um eine rhythmisierte Ganztagsschule von 8:00 – 15.00 Uhr (freitags bis 13:00 Uhr). Die Schüler/innen werden bei Bedarf bereits ab 7:00 Uhr bis 17:00 Uhr (freitags bis 15:00 Uhr) durch eine Freizeitpädagogin betreut. Das Ganztagskonzept begünstigt durch die flexible Aufeinanderfolge von Pflicht- und Neigungsunterricht sowie Freizeitbetätigungen das Organisieren „integrationsfördernder Knotenpunkte". Dies trägt dazu bei, die Schule als ein Ökosystem zu gestalten, welches Lernumgebung und Lebensraum zugleich ist.

Herausforderungen oder: ein klarer Auftrag

Die Geschichte der Waldhofschule in Templin begann vor mehr als 150 Jahren mit der Geschichte des Waldhofes, der Errichtung einer Knabenschule für Straßenjungen auf Anraten von Johann Hinrich Wichern[11]. Der Waldhof entwickelte sich zu einer großen Einrichtung zum Wohnen und Arbeiten für geistig behinderte Menschen. Mit Beginn der nationalsozialistischen Herrschaft wurde die Schule auf dem Waldhof geschlossen. Erst nach den politischen Veränderungen wurde die Waldhofschule auf dem Gelände des Waldhofes 1991 gegründet.

Das war ein wichtiger Schritt auf dem Weg zur Bildung für alle. Denn bis zum Ende der DDR galten Menschen mit geistiger Behinderung oder schwerstmehrfach behinderte Kinder als nicht bildungsfähig. Für sie gab es bis 1989 keine Schulen. Erst mit der Neugründung des Landes Brandenburg konnten diese Kinder beschult und entsprechende Schulen gegründet werden. Allerdings legte das Land Brandenburg von Anfang an viel Wert auf den gemeinsamen Unterricht aller Kinder.

Manche Eltern, die bereits damals für die Beschulung ihrer Kinder mehr Normalität anstrebten, versuchten es zunächst mit der Integration in Regelklassen an den Grundschulen. Sie trafen dort auf engagierte, aber oft wenig sonderpädagogisch qualifizierte Lehrerinnen und Lehrer. Nicht wenige dieser Integrationsversuche von Schülerinnen und Schülern mit dem Förderschwerpunkt geistige Entwicklung scheiterten an den unzureichenden Rahmenbedingungen. Nach der dritten, vierten oder fünften Klasse kamen diese Kinder aufgrund nicht ausreichender sonderpädagogischer Ressourcen in den Grundschulen dann doch zur Waldhofschule – oftmals mit zusätzlichen Beeinträchtigungen. Nicht zuletzt trugen diese Erfahrungen dazu bei, über eine grundlegende konzeptionelle Neuorientierung nachzudenken.

---

11 Johann Hinrich Wichern war ein deutscher Theologe, Sozialpädagoge, Begründer der Inneren Mission der Evangelischen Kirche, des Rauhen Hauses in Hamburg und Gefängnisreformer (Quelle: Wikipedia).

Darüber hinaus lagen weitere Herausforderungen vor der Schule:

Einerseits war ein Schulneubau dringend erforderlich. Andererseits zeigte die demographische Entwicklung deutlich, dass die Schülerzahlen für Kinder mit den Förderschwerpunkten „geistige Entwicklung" und „körperlich-motorische Entwicklung" deutlich zurückgehen würden. Außerdem stand ein Wechsel in der Schulleitung an, mit dem ein konzeptioneller Veränderungsprozess eingeleitet werden sollte: Die große Aufgabe bestand darin, die Schule für die Zukunft zu sichern und gleichzeitig ein pädagogisches Konzept zu entwickeln, das den Schülerinnen und Schülern gemeinsames Leben und Teilhabe in der Gesellschaft ermöglichen würde.

Der Auftrag für die neue Schulleitung lautete mit den Worten von Pfarrer Torsten Silberbach, Direktor der Stephanus Stiftung Berlin:

„Es darf nicht länger sein, dass für ein Kind, bei dem die Diagnostik offenbart, dass es geistig behindert ist, die Lebenslaufbahn bereits festgelegt ist: Förderschule – Werkstatt für behinderte Menschen – Wohnheim für Behinderte – Altenwohnen für Behinderte. Deshalb dürfen Sie alles tun und verändern, um die Schülerinnen und Schüler aus der sonderpädagogischen Engführung einer Förderschule herauszuführen. Es darf nur nicht mehr kosten." So standen hinter der Entscheidung zur Errichtung einer integrativen Grundschule sowohl eine pädagogische Vision als auch einige sehr pragmatische Beweggründe:

Die *pragmatischen Beweggründe* resultierten aus dem oben genannten Umstand, dass infolge der zurückgehenden Geburtenraten in einer an sich schon dünn besiedelten Region zu wenig Kinder mit dem Förderschwerpunkt „geistige Entwicklung" vorhanden waren, um das Weiterbestehen der Waldhofschule als Förderschule auf Dauer gewährleisten zu können. Hinzu kam, wie gesagt, die Notwendigkeit eines Neubaus.

Die *pädagogische Vision* wurde ab Februar 2002 vom Schulleiter gemeinsam mit dem Kollegium entwickelt und äußerte sich im Anspruch einer „ungeteilten Integration":

1. Kein Kind soll wegen seiner Behinderung vom gemeinsamen Leben, Lernen und Spielen an der Schule ausgegrenzt werden.

2. Jedem Kind soll die Teilhabe am schulischen Leben und an schulischer Bildung möglich sein.

Damit wurde an der Waldhofschule bereits 2003 etwas begonnen, was nach den aktuellen Erfordernissen der Ratifizierung der UN-Konvention für die Rechte behinderter Menschen[12] künftig für alle Schulen in Deutschland verpflichtend werden sollte.

---

12 Die Ratifizierung vom 21.12.2008 kann hier nachgelesen werden: http://www.un.org/depts/german/uebereinkommen/ar61106-dbgbl.pdf.

> *Ein neuer Weg ist immer ein Wagnis. Aber wenn wir den Mut haben los zu gehen, dann ist jedes Stolpern und jeder Fehltritt ein Sieg über unsere Ängste, unsere Zweifel und Bedenken.*
>
> (Christoph Lichtenberg)

Am Anfang stand ein Leitbild

Wer sich auf einen neuen Weg begibt, dem muss klar sein, wovon er sich leiten lässt. Deshalb bestand der erste Schritt auf dem Weg zu einer veränderten Schule in der Erarbeitung des Leitbildes:

Wir brauchen alle.
Wir bleiben zusammen.
Niemand bleibt zurück.
Niemand wird beschämt.

Auf den Anfang kommt es an:
Die größten Anstrengungen unserer Schule gelten den kleinsten Menschen!

Immer wieder wurden im folgenden Prozess die einzelnen Schritte und Ziele an diesem Leitbild überprüft. Ein Leitbild ist nur so gut, wie es wirklich im Bewusstsein ist und gelebt wird. Dazu gehört auch die regelmäßige Reflexion des schulischen Handelns am eigenen Leitbild. (→ **Siehe dazu auch Kapitel: Entwicklung eines Leitbildes**)

Aus dem Entwicklungsprozess können die folgenden vier „Wegmarkierungen" zur Gestaltung einer inklusiven Schule abgeleitet werden:

Der Weg zur inklusiven Schule

1. Analyse der Schulsituation und des Umfeldes

2. Prüfen der Ressourcen

3. Wahrnehmen der Ängste

4. Suche nach Unterstützung und Kooperationspartnern

Die einzelnen Punkte werden in den folgenden Kapiteln weiter ausgeführt.

Ängste einer Mutter, Erfahrungen eines Schulleiters

Es ist ein – auf den ersten Blick – ungleiches Pärchen: Sarah und Marie-Luise. Die beiden besuchten die Waldhofschule Templin, als ich dort noch Schulleiter war. Sarah ist schwerstmehrfach beeinträchtigt. Sie ist auf den Rollstuhl angewiesen. Manchmal läuft ihr Speichel aus dem Mundwinkel. Daneben Marie-Luise, ein Mädchen aus einer gutbürgerlichen Familie. Schon in der ersten Klasse haben sie sich angefreundet. Sie lachen zusammen, spielen soweit es geht miteinander. Marie-Luise kümmert sich um Sarah. Sie ist ihre Freundin.

Ganz selbstverständlich möchte Marie-Luise Sarah auch zu ihrem 7. Geburtstag einladen. Aber die Mutter von Marie-Luise wehrt sich. Ein wenig hilflos fragt sie: „Wie soll das gehen?" „Mit dem Rollstuhl?" „Und wenn Sarah auf die Toilette muss?"

Ich erfahre von dem Problem und schlage vor: „Laden Sie doch Sarahs Mutter mit ein." Doch der Vorschlag fällt auf keinen fruchtbaren Boden: „Zum Kindergeburtstag eine wildfremde Frau dabei – nee, das will ich nicht". Auf der Suche nach einer Lösung, um die gemeinsame Geburtstagsfeier zu retten, schlage ich vor: „Lassen Sie sich doch die Telefonnummer geben. Und wenn es Probleme gibt, kann Sarahs Mutter sie schnell abholen. Sie ist darin sehr zuverlässig."

Die Idee wird aufgegriffen, der Kindergeburtstag wunderschön. Erstaunt stellt Marie-Luises Mutter fest, dass das Miteinander für die Kinder mit und ohne Beeinträchtigung etwas ganz Selbstverständliches ist. „Meine Tochter hat mich beschämt. Wie selbstverständlich sie mit Sarah umgegangen ist. Sie, die sonst so pingelig ist, hat ihr die Spucke abgewischt, ihr beim Toilettengang assistiert. Und ich als Mutter stand hilflos daneben." Entschuldigend fügt sie hinzu: „Bisher habe ich ja auch nie mit Behinderten zu tun gehabt…".

Abb. 3: Humor und Heiterkeit gehören in Klasse und Unterricht

Zwischenruf
Denken Sie an die Sicherheitshinweise im Flugzeug …

Ein Gespräch mit Wolfgang Endres, Gründer des Studienhauses St. Blasien, Autor und Herausgeber zahlreicher Veröffentlichungen zur Lernmethodik für Lehrer und Schüler. Beliebt sind seine humorvollen Vorträge und Lehrerfortbildungen.

Sie haben einmal gesagt: „Wenn Humor und Heiterkeit im Klassenzimmer fehlen, fehlt es meist auch an Herzlichkeit". Bei der Diskussion um Inklusion lässt sich das Fehlen einer gewissen Leichtigkeit durch Heiterkeit nicht leugnen…

Endres: Ja, schade. Gerade Inklusion muss man mit Humor nehmen. Beim Unterrichten inklusiver Gruppen gibt es Grund genug, über die eine oder andere Macke zu lachen. Humor baut Brücken. Kein Auslachen selbstverständlich, aber ein warmherziger Blick auf jedes Kind fördert auch die heiteren Seiten zutage. Lehrer, die erwarten, dass alles glatt läuft, überfordern sich schnell selber. Sie wirken oft als Perfektionisten, und deshalb humorlos.

Dass Kinder eine Macke haben, wie Sie formulieren, klingt jedenfalls deutlich entspannter, als wenn man einem Kind einen besonderen Förderbedarf in emotionaler und sozialer oder geistiger Entwicklung attestiert.

Endres: Ich möchte Inklusion nicht bagatellisieren. Es geht mir darum, die Aufgeregtheit herauszunehmen und für eine andere Haltung zu plädieren, die ich mit Blick auf jedes Kind einmal so formulieren möchte: Dich möchte ich gerne besser kennenlernen, mal sehen, was mir noch so auffällt.

Das ist hilfreicher, als ein Kind in eine Schublade zu stecken, nur weil ich bereits weiß, dass zum Beispiel ein sonderschulpädagogisches Aufnahmeverfahren läuft.

Endres: Ja klar. Mein Plädoyer für mehr Gelassenheit und Humor im Unterricht – und nicht nur im inklusiven Unterricht – zielt aber nicht darauf, dass der Lehrer es dann selbst bequemer hat, sondern damit er besser für das Kind da sein kann. Denken Sie an die Sicherheitshinweise im Flugzeug. Dort werden Sie informiert, dass im Falle eines Druckabfalls eine Sauerstoffmaske aus der Luke über ihnen fällt und dann kommt der Satz: „In diesem Fall ziehen Sie eine der Masken ganz zu sich heran und drücken Sie die Öffnung fest auf Mund und Nase. Erst danach helfen Sie mitreisenden Kindern." Es geht um die Reihenfolge: Erst mich selbst stabilisieren und Vorsorge für mich treffen!

Das wird viele Lehrerinnen und Lehrer erleichtern ...

Endres: Diese Erleichterung spüre ich bei allen meinen Veranstaltungen. Ich sage: Es ist vollkommen in Ordnung, wenn ein Lehrer nachmittags nach Hause geht und sich zugesteht: „Okay, das war heute nichts." Humor verändert den Blick auf die eigene Unzulänglichkeit.

Ein anderes Zitat von Ihnen lautet: „Was regen wir uns über Inklusion auf, es bedeutet doch im Kern nur eine Differenzierung mehr."

Endres: Das ist schon länger her und ich würde es so nicht mehr wiederholen. Heute erlebe ich: Wenn Vielfalt in einer Klasse zu stark ist, dann muss zu viel Kraft in die Koordinierung der Gruppe gesteckt werden. Aus meiner Sicht fehlen Bedingungen, Ressourcen, Fortbildung, auch Möglichkeiten, inklusives Unterrichten ausprobieren können. Ich nehme das Bild vom Theater: Vor einer Aufführung gibt es eine ganze Menge Text zu lernen, viele Proben und einen Aufführungstermin, an dem alles sitzen muss. Der Regisseur kann das nicht allein erreichen. Er braucht ein Ensemble, er braucht Beleuchter, Requisiten, eine Souffleuse usw. Wenn die Aufführung gelingen soll, muss alles passen. Ich sehe mit Blick auf Inklusion eine große Hilflosigkeit. Viele Menschen mit guten Absichten und gutmütiger Seele sind nicht vorbereitet, sind überfordert, haben nicht geprobt.

Der Widerstand gegen Inklusion ist ja eigentlich der Widerstand gegen die Umstände.

Endres: Eben. Inklusion ist ein Prozess. Wir brauchen eine Grundhaltung im Umgang mit Verschiedenheit, die lässt sich nicht verordnen. Auch ein Kollegium ist ein Abbild von Vielfalt. Wenn von allen Begeisterung für Inklusion erwartet wird, konterkariert das den Grundgedanken der Anerkennung von Vielfalt. Lehrer dürfen auch, etwa nach einer Fortbildung zu Inklusion oder nach ersten Erfahrungen, sagen dürfen „Oh je, das ist jetzt noch nichts für mich".

Sie sagen: Das ist *jetzt noch* nichts für mich...

Endres: Der Blick auf Inklusion kann sich verändern, manches relativiert sich. Ich muss häufig schmunzeln, wenn ich zum Beispiel höre, wie ein 13jähriger zu seinem neunjährigen Bruder sagt „Das hätte ich früher nicht gedurft!". *Früher*, sagt er! Oder nehmen wir diese Szene auf einem Spielplatz: 15jährige, die mit Smartphone und Tablet aufgewachsen sind, mokieren sich über Sechsjährige, die ihr Fangenspiel unterbrechen, weil das Handy eines Kindes klingelt. Was ich sagen will: Es ist hilfreich, zu wissen, wie sich Perspektiven innerhalb weniger Jahre verändern.

Mit der Unterzeichnung der UN-Behindertenrechtskonvention hat sich Deutschland verpflichtet, ein inklusives Schulsystem zu verwirklichen. Es gibt keinen Weg zurück.

Endres: Gerade deswegen geht es darum, die Akzeptanz der Widerständler auszuhalten, sich nicht an Widerständlern aufzureiben, aber sich auch nicht von eifernden Befürwortern „krallen" zu lassen. Und in allen Teams gibt es denjenigen, der sich zurückhält, scheinbar mitmacht, aber die anderen die Arbeit machen lässt. Auch gegenüber solchen Zeitgenossen rate ich zur Gelassenheit. Jeder hat seinen Grund, warum er ist, wie er ist. Kräfteverschleiß ist bei Inklusion nicht zielführend.

Wenn ich eine Lehrerin in Ihren Seminaren wäre und Sie bitten würde, mir zu sagen, wie ich Inklusion umsetzen soll, was würden Sie mir raten?

Endres: Schauen Sie mit Neugierde und frischem Blick auf jedes Kind und setzen Sie sich selbst dabei nicht unter Druck.

Abb. 4: Miteinander heißt voneinander lernen

PISA oder: spannende Ausgangssituation

Das Entscheidende der ersten Monate an der Waldhofschule waren ständige, zuhörende und wahrnehmende Gespräche zu folgenden Fragen:

● Was trauen sich die Lehrkräfte zu? Welche Erwartungen, Hoffnungen und Ängste haben sie?

● Wie denken die Eltern über die Bildung ihrer Kinder? Wie stellen sie sich eine gute Schule vor? Welche Sorgen und Ängste treibt sie um, wenn ihre Kinder besondere Unterstützung benötigen?

● Welche Vorstellungen haben die kommunalen Politikerinnen und Politiker?

● Was ist mit den Schulen in der Umgebung? Konkurrenz? Neid? Lassen sich Kooperation und Partnerschaft gestalten?

● Wo finden sich in der Politik, Verwaltung, Wirtschaft und Öffentlichkeit Kooperationspartner und Unterstützung?

Es war eine bildungspolitisch spannende Ausgangssituation: Die ersten PISA-Ergebnisse[13] hatten Deutschland in eine bildungspolitische Schockstarre versetzt. Eltern fühlten sich in ihrer Schulkritik bestätigt, suchten nach Schulen, die ihren Kindern zukunftsfähige Bildung ermöglichen sollten.

Im Kollegium und mit den entsprechenden Fachleuten aus dem Bildungsministerium wurden für die Neugestaltung der Waldhofschule ganz unterschiedliche Modelle diskutiert:

● Auslagerung einzelner Klassen in die verschiedenen Grund- und weiterführenden Schulen.
Positive Aspekte: Zusammen in einer Schule mit anderen Schülerinnen und Schülern; gemeinsame Schulhofzeiten, Kooperationsmöglichkeiten
Nachteile: Vereinzelung der sonderpädagogischen Lehrkräfte; fehlende fachliche Eingebundenheit und geringer Austausch. Separierung der Schülerinnen und Schüler in einem gemeinsamen Setting.

● Kooperationsprojekte mit anderen Schulen (Sport, Theater, Arbeitsgemeinschaften)
Positive Aspekte: Öffnung, Begegnung, gemeinsame Aktionen.
Nachteil: Schon vorliegende Erfahrungen zeigten, dass bei vielen Lehrkräften der anderen Schulen und vielen Schülerinnen und Schüler eher karitative als kooperative Momente das gemeinsame Handeln prägten.

---

13 Seit dem Jahr 2000 führt die Organisation für wirtschaftliche Zusammenarbeit und Entwicklung („Organisation for Economic Co-operation and Development", OECD) die PISA-Studie alle drei Jahre durch. Bei der ersten PISA-Studie hatten deutsche Schülerinnen und Schüler nur unterdurchschnittlich abgeschlossen.

Vom Kopf auf die Füße

In den Gesprächen mit allen Beteiligten wurden sehr schnell Eckpunkte erkennbar, die für die Entwicklung einer Schule für alle unverzichtbar zu sein schienen:

- (relativ) kleine Klassen,

- individuelle Förderung,

- Team-Teaching,

- rhythmisierter Ganztag,

- keine Hausaufgaben,

- sinnvolle und nachvollziehbare Formen der Leistungsrückmeldung und -bewertung.

Alles Dinge, die zum Repertoire einer guten Förderschule selbstverständlich hinzugehören – nicht nur im berechtigten Interesse der Eltern an optimaler Förderung ihrer behinderten Kinder. Dieses Interesse an qualifizierter Bildung hatten alle Eltern.

Warum also nicht die Integration vom Kopf auf die Füße stellen? An der Waldhofschule waren schon damals fast alle sonderpädagogischen Qualifikationen vertreten. Differenziertes Unterrichten, individuelle Förderung, Arbeiten mit Förder- und Entwicklungsplänen waren bekannte und erprobte Arbeitsformen. Warum also nicht die Regelschüler in die Förderschule einladen, diese für alle Schülerinnen und Schüler öffnen und Integration an einer Förderschule gestalten?

Die Idee war geboren. Der durch die PISA-Studien geschärfte Blick auf andere Länder, auf zukunftsfähiges Lernen in heterogenen Gruppen, forcierte die Diskussion. Integration, ohne die zu Integrierenden zu stigmatisieren, lautete das Ziel. Nach langen Diskussionen stand fest: Die Klassen durften nicht zu groß sein, um die individuelle Förderung des Schülers zu ermöglichen. Sie durften aber auch nicht zu klein sein, um genügend soziale Prozesse und unterschiedliche Beziehungen zu ermöglichen; mindestens zwei Lehrkräfte sollten in jeder Klasse gemeinsam unterrichten.

Daraus ergab sich die Ausgangsthese für die weitere Arbeit:

Durch individuelle Förderung und durch Förderung der sozialen Kompetenz wachsen die Selbstachtung und damit die Bereitschaft zum Lernen. Dabei darf der Spaß an der Schule nicht verloren gehen, und die Freude an der Neugier darf nicht verschüttet werden!

Neues kennenlernen und sich begeistern lassen

Wie ist es aber gelungen, das Kollegium und die Eltern mitzunehmen? Vereinbart wurden die folgenden Schritte:

- Hospitationen in gelingenden Schulen (unter Beteiligung von Eltern)

- Klausurtagung (auch mit Elternvertretern)

- Steuerungsgruppe

- Arbeitsgruppen zu besonderen Themen (Rhythmisierung, Leistungsbewertung, Lerntagebuch, etc.)

- Einbeziehung der Kritiker

- Sicherung der Evaluation

Der beste Weg, Menschen für Neues zu begeistern, ist, sie das Neue in der Praxis kennenlernen zu lassen. Leider gab es damals weder die Preisträgerschulen des Deutschen Schulpreises noch die Jakob-Muth-Preis-Schulen[14], in denen die Kolleginnen und Kollegen hätten hospitieren können. Aber es gab Schulen, die Erfahrungen mit dem gemeinsamen Unterricht gesammelt hatten, es gab gute Schulen in Dänemark, Schweden und Finnland. Jeweils in Vierer-Teams fuhren die Kolleginnen und Kollegen in interessante Schulen in den verschiedenen Ländern; auch Elternvertreter beteiligten sich an diesen Hospitationen mit großem Interesse.

Die Aufgaben für die „Ausflügler" lauteten: Hospitation am Montag und Dienstag, Bericht über die wichtigsten Erfahrungen aus dem Besuch in der nächsten Lehrerkonferenz. Bezahlt wurden die PKW-Fahrkosten für einen PKW (nach Finnland frühzeitig gebuchtes Billig-Flugticket) und eine Hotel-Übernachtung. Eine intensivere, kostengünstigere Fortbildung ist kaum zu organisieren.

Die Teams lernten viel Neues kennen, zum Beispiel:

- neue Formen der Leistungsbewertung (insbesondere aus Schweden und Finnland);

- Lern- und Entwicklungspläne für alle Schülerinnen und Schüler;

- neue Lehrerarbeits- und Präsenzzeitmodelle;

---

14 Der Jakob Muth-Preis für inklusive Schule zeichnet seit 2009 Schulen aus, die inklusive Bildung beispielhaft umsetzen. Projektträger sind die Beauftragte der Bundesregierung für die Belange behinderter Menschen, die Deutsche UNESCO-Kommission e.V. und die Bertelsmann Stiftung. Mehr unter www.jakobmuthpreis.de.

- Lehrerarbeitsplätze in den Schulen;

- verglaste Türen – hohe Transparenz in den Schulen;

- Gestaltung eines wirklich rhythmisierten Ganztags;

- andere Schulraumgestaltung;

- und vieles mehr.

Diese Erfahrungen wurden auf einer zweitägigen Klausurtagung gebündelt und ausgewertet. Durch klare Strukturierung, konzeptionsbezogene Inputs und zielgerichtet arbeitende Workshops ist es gelungen, sich auf ein Grundkonzept gemeinsamer, inklusiver Bildung zu verständigen.

Ein Konzept entsteht

Das **organisatorisch-strukturelle Konzept** war sehr schnell klar: Beginnend mit einer, maximal zwei ersten Klassen sollte ab dem Schuljahr 2003/04 begonnen werden, eine integrative Grundschule aufzubauen. Dabei würden 16 Schülerinnen und Schüler eine Klasse bilden (ab Schuljahr 2004/05 18 Schülerinnen und Schüler); davon die Hälfte mit diagnostiziertem Förderbedarf (Lernen, Sprache, sozial-emotionale, geistige, körperlich-motorische Entwicklung, Autisten etc.). Diese Kombination der Schülerschaft würde es ermöglichen, dass jeder Klasse im Durchschnitt 2,5 Pädagogen (Grundschullehrkraft, sonderpädagogische Lehrkraft und eine halbe Stelle pädagogische Fachkraft) für die Gestaltung des rhythmisierten Ganztags zur Verfügung gestellt werden konnten.

Die Lern- und Lebenszeit in der Schule wird als rhythmisierter Ganztag von 8:00 – 15.00 Uhr (freitags bis 13:00 Uhr) organisiert. Die Schülerinnen und Schüler können bereits ab 7:00 Uhr kommen und bis 17:00 Uhr (freitags bis 15:00 Uhr) bleiben.

Zur Erprobung wurde für zunächst drei Jahre (inzwischen verstetigt) mit knapper Mehrheit ein Präsenzzeit-Arbeitsmodell nach schwedischem Vorbild eingeführt: Alle pädagogischen Mitarbeiter arbeiten im Rahmen dieses Präsenzzeitmodelles (35 Stunden Präsenzzeit, davon 28 Stunden aktive Arbeit am und mit dem Kind; 10 Stunden Vertrauenszeit, die nicht kontrolliert wird). Jeder hat seinen individuellen Arbeitsplatz in den jahrgangsbezogenen Lehrerarbeitszimmern. (→ **Lehrer-Arbeitszeit-Modelle**)

Über das anzustrebende Raumprogramm konnte man sich ebenfalls schnell verständigen. Auch wenn für das erste Jahr nur eine Behelfslösung von zwei kleinen Klassenräumen mit einem gemeinsamen Gruppenraum zur Verfügung stand, war das Ziel klar: Für jede Klasse stehen künftig ein Klassen- und ein Gruppenraum inklusive Küchenzeile zur Verfügung. Ein Exploratorium und eine Schüler-Mediathek ermöglichen und unterstützen das experimentierende, selbst gesteuerte forschende Lernen. Therapie- und Auszeitenräume sowie ein Snoezelraum geben „Räume" für individuell gestaltete Lernprozesse. Dieses Raumprogramm ist inzwischen verwirklicht. (→ **Raumplanung**)

Ein naturnaher Spielplatz im Wald mit vielen Buden und Kletterbäumen wurde von den Eltern mitgestaltet und bietet Schülerinnen und Schülern hervorragende Möglichkeiten zur kreativen Entspannung und zum Austoben. Weitere Möglichkeiten bieten ein Bolzplatz, Verkehrsgarten und ein von Schülerinnen und Schülern sowie Lehrkräften betreuter Streichelzoo. (→ **Schulhofgestaltung**)

Die Entwicklung des **pädagogischen Konzeptes** stellte weitaus größere Herausforderungen dar. Diese lagen insbesondere darin, unterschiedlichste Erfahrungen, Prägungen und pädagogische Grundhaltungen von Sonderpädagogen und Grundschullehrkräften zusammenzuführen, die Erwartungen der Eltern einzubeziehen, und die Kritiker ernst zu nehmen und mitzunehmen. Dazu wurde eine Steuerungsgruppe gebildet, die die Arbeit der einzelnen Arbeitsgruppen zu den unterschiedlichen pädagogischen Themen koordinierte.

Folgende Fragen leiteten die Entwicklungsarbeit und bildeten das Spannungsfeld von Heterogenität und Individualität ab:

- Wie ergänzen sich Stärken, wie lassen sich Schwächen kompensieren?

- Was kann der Einzelne zur Gruppe beitragen?

- Wer kann wem Partner und Helfer sein?

- Wer braucht was?

In individuellen Lernangeboten können die Kinder ihre eigenen Möglichkeiten ausloten und sich spezielle Aufgaben und Ziele erarbeiten. Dabei bemühen sich die Lehrkräfte,

- die Kinder mit Blick auf ihre Stärken und Schwächen so gut wie möglich zu fördern, aber nur so viel wie unbedingt nötig, um sie nicht in Abhängigkeit zu halten,

- sie herauszufordern. Sie sollen bis an ihre Grenzen gehen, sich in ihren eigenen Möglichkeiten erproben.

Wilfried Steinert zum Stichwort Unterrichtsqualität

Die Entwicklung der Unterrichtsqualität in einer inklusiven Schule war und ist immer noch eine der schwersten schulischen Aufgaben. Viele Unterrichtsmaterialien selektieren, weil sie entweder auf Regel- oder auf Förderschüler zugeschnitten sind. So mussten wir inklusive Unterrichtsmaterialien entwickeln und entsprechende Lernlandschaften modellieren, um den Schülerinnen und Schülern ihre eigenen Lernwege zu ermöglichen. (→ **Entwicklung einer pädagogischen Konzeption**)

Leistung und Leistungsbewertung: eine zentrale Frage

Für Eltern und Lehrkräfte war die Frage der Leistungsfähigkeit dieser „Schule für alle" und die damit verbundene Leistungsbewertung eine zentrale Frage. Vor dem Hintergrund des inklusiven Bildungsmodells der Waldhofschule mit jeweils 50 % der Schülerinnen und Schüler mit und ohne diagnostizierten Förderbedarf in jeder Klasse wurden immer wieder die beiden folgenden Fragen gestellt:

- „Werden die Schülerinnen und Schüler ohne Förderbedarf durch die „behinderten" Kinder in ihrer Leistung gebremst?"

- „Entwickeln die Kinder mit Handicaps nicht eine Misserfolgsorientierung im gemeinsamen Lernen?"

Um diese in den Fragen zum Ausdruck kommenden Unsicherheiten zu klären bzw. auszuräumen war für alle Beteiligten klar, dass die Schule an den landesweiten Vergleichstests teilnehmen würde. Die Ergebnisse haben deutlich gezeigt, wie sehr alle Schülerinnen und Schüler vom gemeinsamen Unterricht profitieren.

Bevor die Leistungen der Kinder aber von anderen bewertet werden, sollten sie gelernt haben, ihre eigene Leistung selbst realistisch einzuschätzen. Die Waldhofschule entschied sich dabei für folgendes Verfahren: Die Kinder werden durch das Anlegen eines eigenen Portfolios und das Führen des Lernpasses in der Reflexion ihrer Lernfortschritte unterstützt. Von der ersten Klasse an werden sie so angeleitet, sich selbst kritisch einzuschätzen. Dazu gehört auch die Präsentation der eigenen Arbeit sowie die regelmäßigen Eltern-Kind-Gespräche über den Lern- und Entwicklungsstand, die mindestens dreimal im Schuljahr stattfinden, eines davon (statt eines schriftlichen Zeugnisses) zum Schulhalbjahr. (→ **Leistungsbewertung**)

Mit diesen organisatorisch-strukturellen und pädagogischen Eckdaten trat die Waldhofschule ab Herbst 2002 an die Öffentlichkeit, um Eltern, Schülerinnen und Schüler zu gewinnen, sich für die Einschulung in die 1. Klasse zum Sommer 2003 anzumelden.

Abb. 5: Zusammen ein starkes und erfolgreiches Team

Zwischenruf
„Wunderbar, verrückt – habe ich gedacht"

Ein Gespräch mit Steffen Reiche, Ex-Bildungsminister von Brandenburg

Was war Ihr erster Gedanke, als Sie als damaliger Bildungsminister Brandenburgs von den Plänen hörten, die Waldhofschule Templin in eine Schule für alle zu wandeln?

Steffen Reiche: Wunderbar, verrückt – habe ich gedacht. Ich spürte, dass das genau die Art ist, eine UN-Deklaration aufzunehmen und umzusetzen, die ich mir gewünscht hatte. Ich war überzeugt, dies würde ein Wurf in die Zukunft. Denn ich kannte Wilfried Steinert durch die Arbeit im Landesschulbeirat, ich kannte die Schule durch Praktika, die ich als Theologiestudent dort absolviert hatte, ich kannte Templin durch Urlaubsfahrten mit meinen Eltern. All das sorgte dafür, dass ich vom Erfolg der Mission absolut überzeugt war.

Sie spürten gar keine Skepsis?

Steffen Reiche: Doch natürlich. Ich war zum Beispiel nicht sicher, wie die Eltern der Kinder ohne Einschränkung reagieren würden. Doch dann erlebte ich die schönste Überraschung meines Lebens. Denn die Eltern überraschten uns. Sie „enttäuschten" uns im besten Sinne. Denn wir hatten uns getäuscht. Die Eltern hatten keine Vorbehalte, sondern waren überzeugt, dass diese neue Schule so viel zu bieten haben würde, dass sie für ihre Kinder einen großen Zugewinn darstellen würde. Sie rannten der Schule förmlich die Bude ein. Wir mussten nach den Anmeldungen keine Kinder mit, sondern solche ohne Einschränkung aus Kapazitätsgründen ablehnen. Unglaublich.

Gab es Widerstände in der Politik?

Steffen Reiche: Es gibt bei so einem revolutionären Plan, dass sich eine Förderschule für so genannte gesunde Kinder öffnet, immer Menschen mit Bedenken. Eine kritische Frage etwa lautete, ob wir in Zeiten knapper Kassen nicht zu viel investieren. Aber kann man, wenn es um Kinder geht, zu viel investieren? Wir haben diese Widerstände stets als wertvolle Fragen verstanden, deren Beantwortung auch uns bei der Umsetzung der Idee weiterbrachte. Von der Politik muss man erwarten dürfen, Menschen zu begleiten, die Mut haben. Und ganz ehrlich: Wilfried Steinert und ich waren von dieser Idee so begeistert und hatten uns so fest untergehakt, dass uns wahrscheinlich nichts und niemand hätte aufhalten können. Ich bin übrigens sicher, dass es die Voraussetzung für eine inklusive Bildung ist, dass ein Schulleiter für den Gedanken brennt. Nur wenn er und schließlich auch das Kollegium mit Liebe zum Kind beginnen, Schule neu zu denken, wird Inklusion gelingen. Wer nicht brennt, kann andere nicht entzünden.

Kritiker merkten damals an, die Eltern seien auf diese Schule „geflogen", weil sie ganztägig arbeiten würde…

Steffen Reiche: Mag sein, aber immerhin haben sie die inklusive Arbeit nicht als Behinderung eingeschätzt. Ich bin aber überzeugt, dass nicht der Ganztag den Ausschlag gegeben hat. Es war die Mischung: eine evangelische, moderne Schule, der Wunsch des gemeinsamen Lernens und Lebens sowie der Ganztag. Ich bin überzeugt, die Waldhofschule ist die erste Schule gewesen, die radikal und konsequent auf das PISA-Erdbeben reagiert hat.

Was sagen Sie jenen, die fürchten, in der inklusiven Schule kämen Kinder ohne Einschränkung zu kurz?

Steffen Reiche: Ich sage Ihnen die Wahrheit und die lautet: Von konsequenter Inklusion profitieren Kinder ohne Einschränkung sogar mehr als Kinder mit Beeinträchtigung. Denn auch an dieser Schule bleibt es wie im wirklichen Leben: Die Kinder mit Einschränkung können auch diese für sie optimale Situation nur eingeschränkt für sich umsetzen, die Vorteile für sich weniger gut aufnehmen, als das Kinder ohne Einschränkung tun können. Voraussetzung ist natürlich, dass beide gut und angemessen in der Situation begleitet, optimal gefordert und gefördert werden. Wer glaubt, Inklusion müsse man nur für die Kinder mit Beeinträchtigung umsetzen, ihnen zuliebe und aus Gründen der political correctness, der sollte es lieber lassen. Auch hier gilt eben das Axiom aller Bildung, das Pestalozzi formuliert hat: Erziehung ist Vorbild und Liebe, sonst nichts.

Abb. 6: Selbst geforscht ist gut gelernt

Das Konzept ist klasse, aber …

„Das Konzept ist Klasse – nur: Finden Sie Eltern, die ihre Kinder mit den ‚Blöden' lernen lassen?". Das war die Frage, die viele in der Bildungsadministration stellten. In der Tat: in einer Kleinstadt mit 17.000 Einwohnern wie Templin eine ernst zu nehmende Frage. Dazu kam die Konkurrenz von drei weiteren Grundschulen. Intensive Gespräche mit dem Bildungsministerium – glücklicherweise positiv unterstützt vom damaligen Bildungsminister Steffen Reiche – waren erforderlich, um die Zusage zu bekommen, dass die verbindliche Anmeldung von zwölf Schülerinnen und Schülern bis März 2003 als Voraussetzung für die Genehmigung zur „Integrativen Grundschule – Eine Schule für alle" akzeptiert wurde.

Glücklicherweise hat die Waldhofschule einen Förderverein, der sich nicht nur als Unterstützungsverein für die eigene Schule versteht, sondern von seiner Satzung her auch eine Plattform für die Bildungsdiskussion in der Region bietet. Deshalb hatte es der Förderverein übernommen, Informations- und Diskussionsabende für Eltern zu organisieren und auf breiter Basis Dialoge über Anforderungen an eine zukunftsfähige Bildung zu führen.

Checkliste

Die Waldhofschule setzte von Anfang an auf eine konsequente Informations- und Öffentlichkeitsarbeit. Dazu gehören bis heute:

✔ Monatliche öffentliche Bildungsveranstaltungen

✔ Regelmäßige Infos über die geplante Schulentwicklung in der Presse

✔ Informationsabende für die Eltern in den Kindergärten

✔ Informationsveranstaltungen in Erwachsenen- und Seniorenkreisen der Kirchengemeinden

✔ Informationsveranstaltungen in der Schule

Bereits im ersten Jahr der Umwandlung in eine integrative Grundschule, in eine Schule für alle, meldeten mehr Eltern ihre Kinder an als aufgenommen werden konnten. Dabei hatten zum damaligen Zeitpunkt viele Eltern von Kindern ohne diagnostizierten Förderbedarf ihre Kinder nicht aufgrund des gemeinsamen Unterrichts angemeldet, sondern weil sie vom Ganztagskonzept, den kleinen Unterrichtsgruppen und dem Team-Teaching angetan waren. Für einige Eltern war besonders wichtig, dass es keine Hausaufgaben gibt. Und somit konnte die integrative Grundschule „Waldhofschule Templin – Eine Schule für alle" im August 2003 ihre inklusive Arbeit mit zwei Klassen im ersten Jahrgang beginnen.

Damit war die schulische Entwicklungsarbeit aber längst nicht abgeschlossen! Eigentlich begannen jetzt erst die richtigen Herausforderungen. Folgende Fragen und Themen mussten diskutiert und beantwortet werden:

- Wie lässt sich die Zusammenarbeit der unterschiedlichen Professionen (Team-Teaching) so gestalten, dass es bei den Schülerinnen und Schülern nicht doch wieder zu Trennungen und Separationen kommt?

- Wie kann individuelle Förderung stattfinden ohne Trennung der Schülerinnen und Schüler?

- Nach welchem Lehrplan soll eigentlich unterrichtet und das schulinterne Curriculum ausgerichtet werden?

- Die Begriffe „zielgleiches" und „zieldifferenziertes Unterrichten" stellten sich als Leerformeln dar, die einer inklusiven Praxis völlig entgegenstehen. (→ **Schulinternes Curriculum entwickeln**)

- Wie können neue Mitarbeiterinnen und Mitarbeiter integriert werden, die von ganz anderen Hintergründen und pädagogischen Verständnissen herkommen? (→ **Personalentwicklung**)

Stolperstein

Es zeigte sich häufig, dass viele pädagogisch gängige Begriffe wie z. B. „Freiarbeit", „Lernzeit", „Entwicklungs- oder Lernpläne" unterschiedlich gefüllt wurden. Das führte zu manchen Missverständnissen und Verunsicherungen, weil mit gleichen Worten andere Inhalte bezeichnet wurden.

Wilfried Steinert zum Stichwort Transparenz von Entscheidungen

Wurden in den Dienstberatungen strittige Themen diskutiert, Lösungen gesucht, Projekte angedacht, dann gab es Kolleginnen oder Kollegen, die die angedachten Lösungen schon am nächsten Tag umsetzten – obwohl es noch keine abschließende Entscheidung gab. Wenn dann noch Veränderungen vorgenommen wurden, waren Chaos und Ärger programmiert. Klare Entscheidungsstrukturen und -wege mussten deshalb transparent dargestellt und eingehalten (!) werden. (→ **Leitstrahl / Organigramm**)

Das Waldprojekt und andere Projekte

In der Unterrichtsentwicklung sind Stationsarbeit, Lernlandschaften, Lernwerkstätten und Projektwochen für einzelne Klassen, für mehrere Klassen gemeinsam oder für die ganze Schule zu wichtigen Elementen geworden. So fand im Schuljahr 2008/09 u. a. eine Projektwoche „Zirkus" statt. Für eine Woche hatte ein Zirkus seine Zelte auf dem Schulgelände aufgebaut und alle Schülerinnen und Schüler eine Woche lang unterrichtet und trainiert, so dass zum Abschluss der Woche alle Kinder – auch die schwerstmehrfach behinderten – in zwei Galavorstellungen ihr Können als Artisten präsentieren konnten. (→ **Lernen in Projekten**) In einer weiteren Projektwoche beschäftigten sich die Schülerinnen und Schüler im Rahmen eines Comenius-Projektes mit Lehrkräften aus Irland und Spanien mit dem Thema „Die Bäume in unseren Wäldern". (→ **Internationale Kooperationen**)

Seit 2006 hat die Waldhofschule den Templiner Stadtwald gepachtet und damit auch den Stadtförster übernommen. 730 Hektar Wald werden seitdem von den Schülerinnen und Schülern der Schule verwaltet, bewirtschaftet und genutzt. Das Waldprojekt verbindet Wirtschaftlichkeit, praktisches und theoretisches Lernen in idealer Weise miteinander. Einerseits ist dies ein Projekt, mit dem sich die ganze Schule identifiziert, andererseits wird damit eine breite Öffentlichkeit erreicht und es findet eine vernetzende Kooperation mit vielen Wirtschaftsbetrieben statt. Ganzheitliches Lernen und Identifikation mit der Region stehen dabei im Vordergrund.

Stadtförster Joachim Lange[15]:

„Die Bewirtschaftung eines ganzen Waldes durch die Schülerinnen und Schüler der Waldhofschule bietet hervorragende Voraussetzungen, inklusiv zu arbeiten. Es ergibt sich ein extrem breites Spektrum an unterschiedlichsten Herausforderungen, die jede Differenzierung ermöglichen. Das Projekt erfordert aber auch Vertrauen und Mut aller Beteiligten, insbesondere auch der Schulleitung, des Schulträgers und des Waldeigentümers. Wer einen Wald bewirtschaften und allen damit verbundenen Verpflichtungen gerecht werden möchte, braucht die Vielfalt der Menschen mit all ihren unterschiedlichen körperlichen und intellektuellen Fähigkeiten für diese Arbeit. Nur als Team kann man erfolgreich sein. Es ist Bestandteil des

---

15 Joachim Lange ist Stadtförster von Templin und seit 2006 an die Waldhofschule Templin abgeordnet. Dort leitet er das Projekt „Schulwald". Im Rahmen des Projektes bewirtschaften die Schülerinnen und Schüler unter fachkundiger Anleitung einen 700 ha großen Wald. Diesen hat der Schulträger von der Stadt gepachtet und übernahm damit umfassende Rechte und Pflichten, die zuvor bei der Stadt Templin lagen.

Lebens, unterschiedlich zu sein und Unterschiedliches zum gemeinsamen Gelingen beizutragen."

Um auch in der Stundenplangestaltung mehr Raum für handlungsorientiertes, fächerübergreifendes Lernen zu schaffen, wurden folgende Freiräume geschaffen:

- Jeder Tag beginnt mit einer halben Stunden Frei- bzw. Wochenplanarbeit.

- Der Freitag ist im Stundenplan „nur" als Projekttag ausgewiesen, den die Klassen allein oder in Zusammenarbeit mit anderen Klassen nutzen können, um für sie wichtige oder interessante Themen und Projekte zu gestalten.

- Der Neigungsunterricht (auch zur Entdeckung von Begabungen), in den Stundenplan integriert, bietet den Kindern dreimal (montags, dienstags und donnerstags) die Möglichkeit, aus zurzeit über 40 Neigungsangeboten zu wählen; wer in einer Stunde kein Angebot wählt, hat Freiarbeitsstunde. Mindestens ein Neigungsangebot muss jedes Kind wählen, es kann aber auch in allen drei Stunden ein Angebot wählen. Angeboten werden u. a. Geigen-, Saxophon- und Keyboard-Unterricht, Crosslauftraining, Fußball, Wassersport, Angeln, Jugendfeuerwehr, Mathe-Club, Schreibwerkstatt, Theater, Chor, Kreativ-Werkstatt, Keramik, Reiten, Yoga, Judo, Tanz, Häkeln und Stricken… (**→ Rhythmisierte Ganztagsschule**)

Ganz zentral: Kluger Umgang mit Heterogenität

Der Umgang mit Heterogenität ist der Kern der Waldhofschule. Auch wenn viele gute Fortschritte gemacht wurden, bleibt man in diesem Bereich lernende Schule. Und so wie für die Schülerinnen und Schüler gilt, dass man aus Fehlern lernen kann, gilt dies auch für die Schulentwicklung.

Eine schwerwiegende Fehlentscheidung war im Schuljahr 2007/08 die Einführung jahrgangsübergreifenden Unterrichts in den Jahrgängen 5 und 6. Man ging davon aus, dass der jahrgangsübergreifende Unterricht noch bessere Voraussetzungen für leistungsdifferenziertes, gemeinsames Lernen schaffen würde. Dabei wurde übersehen, dass damit für zwei Schülergruppen der Zugang zum Lernen extrem erschwert wurde, weil sie für ihre eigene Lern- und Lebensgestaltung klare Strukturen und soziale Bezüge brauchen: Autistische Kinder und solche mit sozial-emotionalem Förderbedarf waren mit dem Wechsel der Lerngruppen und der Bezugspersonen überfordert.

Mit dem jahrgangsübergreifenden Unterricht ging bei einigen von ihnen die bereits praktizierte Selbststeuerung des Lernens zurück, andere machten durch herausforderndes Verhalten auf ihre Orientierungslosigkeit aufmerksam. Relativ schnell wurde erkannt: Für die Form der Integration und des inklusiven Unterrichts an der Waldhofschule bekam die Heterogenität durch den jahrgangsübergreifenden Unterricht eine zu große Spannweite und wurde kaum noch gestaltbar. Die erneute Konzentration auf die gemeinsame, klassenübergreifende Arbeit im Jahrgang führte wieder zu einer deutlichen Verbesserung sowohl des sozialen Klimas als auch der Leistungsmotivation und -steigerung.

Um der breiten Spannweite der Leistungs- und Lernvoraussetzungen der Schülerinnen und Schüler gerecht zu werden, arbeitet heute neben den vorhandenen Sonderpädagogen, die bis auf den Förderschwerpunkt sehen alle sonderpädagogischen Förderbereiche abdecken, auch eine diplomierte Hochbegabten-Pädagogin im Kollegium der Waldhofschule. Hochbegabung und geistige Behinderung stellen die beiden Pole dar, zwischen denen Bildungs- und Lernbedingungen geschaffen werden müssen. Sowohl das hochbegabte als auch das geistig behinderte Kind brauchen eine hoch differenzierte Wahrnehmung ihrer Lernsituation und entsprechende Begleitung. Eine wichtige Aufgabe der Hochbegabten-Pädagogin besteht darin, Möglichkeiten zu schaffen, Begabungen überhaupt zu entdecken. (→ **Individuelle Förderung im gemeinsamen Unterricht**)

Lebenspraktischer Unterricht für Schülerinnen und Schüler mit dem sonderpädagogischen Förderschwerpunkt geistige Entwicklung ist eine Selbstverständlichkeit. Entsprechend dem inklusiven Konzept wurde in der Waldhofschule diese Möglichkeit auf alle Schülerinnen und Schüler erweitert. Jede Klasse hat seit dem Schuljahr 2008/09 zusätzlich vier Lehrerstunden bekommen, um für die Kinder, für die es entsprechend dem individuellen Lernplan wichtig ist, parallel zum sonstigen Fachunterricht alternativ lebenspraktischen Unterricht anzubieten. Damit wurde eine zusätzliche individuelle Fördermöglichkeit für alle Schülerinnen und Schüler geschaffen. (→ **Lernen in Peergroups**)

Leistung und Leistungsbewertung: weitere Entwicklungen

Ein wichtiger Punkt zur Vermeidung einer Misserfolgsorientierung war die Einführung eines gemeinsamen Zeugnisses für alle Schülerinnen und Schüler. Bisher wurde in den Schulen mit integrativem Unterricht bei den Zeugnissen doch wieder selektiert: Die einen bekamen das „normale" Zeugnis, und die Integrationskinder das Zeugnis entsprechend dem sonderpädagogischen Förderstatus. In der Waldhofschule gilt das Zeugnisformular für alle Schülerinnen und Schüler. Ziffernnoten gibt es erstmalig am Ende der 5. Klasse. Es werden dabei nur in fünf Fächern Ziffernnoten gegeben: Deutsch, Mathematik, Englisch, Naturwissenschaften und Gesellschaftswissenschaften. Die Leistungen in allen anderen Fächer werden weiterhin verbal beschrieben. Orientierung für die Leistungsbewertung aller Kinder ist der Grundschulrahmenplan. Das heißt, ein Kind mit dem sonderpädagogischen Förderschwerpunkt Lernen, welches am Ende der fünften Klasse den Leistungsstand der dritten Klasse gut erreicht hat, bekommt auf dem Zeugnis eine „2" mit der Fußnote „entsprechend dem Rahmenlehrplan Jahrgang 3". (→ Leistungsbewertung)

Neue Lehrer braucht die Schule – vom Einzelkämpfer zum Teamplayer

Die Lehrerrolle hat sich in der Waldhofschule grundlegend verändert. Nicht nur mit Blick auf die Arbeitszeit, sondern vor allem mit Blick auf die Zusammenarbeit im Team. Das Jahrgangsteam für die beiden Parallelklassen des jeweiligen Jahrgangs hat eine herausragende Verantwortung bekommen:

- Die Lehrkräfte entscheiden über Stundenplan und Pausen.

- Das Klassenteam ist für die Unterrichtsgestaltung und das Erreichen der Ziele verantwortlich und entscheidet, *wann wer was wie* unterrichtet.

- Auch die pädagogischen Fachkräfte können unterrichten; die Fachlehrer sind dafür verantwortlich, dass in allen Projekten die fachlichen Anliegen von allen Kolleginnen und Kollegen umgesetzt werden.

Für einen Jahrgang sind zwei Sonderpädagogen (in der Regel als die Klassenleitung) sowie zwei Grundschullehrkräfte und eine pädagogische Fachkraft verantwortlich. Durch die Teamarbeit entsteht ein intensiver Dialog von Grund- und Sonderschulpädagogik. So wie die Grundschulpädagogik für die Arbeit mit geistig behinderten Kindern ein großes Anreizniveau geschaffen hat, so öffnet die Sonderpädagogik sozial-emotionale und differenzierte Zugänge zu den Lernmöglichkeiten aller Schülerinnen und Schüler. (→ Personalentwicklung)

Eltern ernst nehmen

Wie schon bei der Entwicklung der Schule beschrieben, spielen die Eltern eine entscheidende Rolle in der Entwicklung einer inklusiven Schule – und zwar alle Eltern. Ausgehend von der Grundthese, dass die Eltern die Experten für ihre Kinder, die Pädagogen Experten für Erziehung und Bildung sind, wird eine regelmäßige Zusammenarbeit gestaltet. Zwischen der Schulleitung und den Schulelternvertretern (Vorsitzende der Schulkonferenz und Vorsitzender der Schulelternkonferenz) ist ein 14-tägiger „jour fix" vereinbart; regelmäßig findet jede zweite Woche eine Beratung über die Anliegen und weiteren Entwicklungen der Schule zwischen Eltern und Schulleitung statt. Ebenso gibt es auch in allen Klassen zwischen den Klassenelternsprechern und dem Lehrerteam einen „jour fix", einen regelmäßigen festen Gesprächstermin. Dies ist die Grundlage für eine gute Kommunikation mit den Eltern. Der Beschluss der Schulelternkonferenz, dass mindestens ein Elternabend pro Schuljahr zu einem pädagogischen Schulentwicklungsthema unter Beteiligung der Schulleitung stattfinden soll, unterstreicht das hohe Interesse der Eltern an der Mitgestaltung der Schule. (→ **Kooperation mit den Eltern**)

Aus dieser intensiven gemeinsamen Arbeit ist so etwas wie ein übergeordnetes Lernziel der Schule entstanden:

Ziel aller partnerschaftlichen Bemühungen ist es: Jedes Kind soll optimal gefördert und herausgefordert werden, sich zu einer selbstbewussten, neugierigen Persönlichkeit zu entwickeln, die motiviert ist, die vor ihr liegende Zukunft zu gestalten!

Waldhofschule als lernende Institution – Evaluation und Weiterentwicklung

Eine gute Schule ist immer auch eine lernende Schule. Das eigene Lernen und Reflektieren der Arbeit spielt deshalb für die Mitarbeiterinnen und Mitarbeiter, aber auch für die Schulleitung der Waldhofschule eine große Rolle. Neben den monatlichen Dienstberatungen mit allen Mitarbeiterinnen und Mitarbeitern, regelmäßigen Fach- und Stufenkonferenzen sichern insbesondere die jährlichen zweitägigen Klausurtagungen des gesamten Kollegiums die regelmäßige Reflektion des pädagogischen Konzeptes und die weitere Entwicklung der Schule.

Wilfried Steinert zum Stichwort Hospitationen

Hospitationen in anderen Schulen erweitern den eigenen Horizont. Regelmäßig hospitieren die Kolleginnen und Kollegen in der Regel zu zweit oder in kleinen Gruppen in anderen Schulen: Jenaplanschule in Jena, IGS Göttingen, Laborschule in Bielefeld, Bugenhagenschule in Hamburg; im Rahmen von Schulpartnerschaften Schulen in Helsinki, Szentendre (Ungarn) und Koszalin (Polen) sowie im Rahmen verschiedener Comenius-Projekte Schulen in Spanien und Irland.

> **Tipp**
>
> Alle Schulpreisschulen haben sich verpflichtet, interessierten Kollegen Hospitations-angebote zu unterbreiten. Hier finden Sie die Schulen:
>
> http://schulpreis.bosch stiftung.de/content/language1/html/53141.asp

(→ **Fortbildungskonzeptionen**)

Nachhaltiges Lernen und nachhaltige Entwicklungen geschehen auch durch Öffnung und Weitergabe von Erfahrungen. So ermöglicht die Waldhofschule Hospitationen für Kolleginnen und Kollegen aus anderen Schulen. Neben aller damit verbundenen Belastung waren und sind diese Begegnungen für die Entwicklung der Schule eine große Bereicherung, da im Rahmen der Darstellung immer wieder das Konzept hinterfragt und reflektiert wird. Gleichzeitig bekam man hautnah Rückmeldungen von außen: Wo klemmt es noch? Wo besteht die Gefahr, „betriebsblind" zu werden oder wo bahnen sich eventuell Fehlentwicklungen an? Bisher gelang es gut, mit den kritischen Rückmeldungen umzugehen, da auch für die Schulentwicklung gilt, was Motto für die Kinder ist: „Fehler sind eine Chance, daraus zu lernen und neue Erkenntnisse zu gewinnen". Die Waldhofschule hat einen neuen Weg eingeschlagen, dabei sind Fehler unvermeidlich. Wenn daraus aber neue Erkenntnisse gewonnen werden, muss man keine Sorge vor der Zukunft haben.

Die wissenschaftliche Begleituntersuchung nahm in der Entwicklung des inklusiven Konzepts eine wichtige Aufgabe wahr. In einer siebenjährigen Langzeitstudie wurde die Entwicklung der Schule und der Schülerinnen und Schüler von zwei Jahrgängen von 2003 bis 2010 durch Frau Dr. Hilbrich und Herrn Dr. Walter begleitet und kritisch reflektiert. Ihr Auftrag war in zwei Bereiche gegliedert:

Sie analysierten die

► kognitive und sozial-emotionale Entwicklung der Schülerinnen und Schüler

► pädagogische Arbeit und das berufliche Selbstverständnis der Lehrkräfte

► Haltung der Eltern zum Schulkonzept

Auf dem Hintergrund ihrer Untersuchungsergebnisse, Befragungen und Hospitationen im Unterricht berieten und informierten sie

► Schulleitung

▶ Lehrkräfteteams (Jahrgangsteams)

▶ Eltern

bei der Konzeption und Durchführung von Fortbildungen.

Die wesentlichen Fragestellungen der wissenschaftlichen Begleituntersuchung lauteten:

▶ Welche Auswirkungen hat das gemeinsame Lernen auf die kognitive Leistungsentwicklung?

▶ Werden im gemeinsamen Setting die Kompetenzen zur Alllagsbewältigung bei geislig und lernbehinderten Kindern genügend berücksichtigt?

▶ Wie entwickeln sich die Beziehungsstrukturen in den Klassen?

▶ Welche Bedeutung haben soziale Akzeptanz und Motivstruktur für die Verteilung von Sympathie und Ablehnung?

▶ Wie entwickeln sich die Kompetenzen zur sozialen Selbsteinschätzung sowie das Lern-Selbstbild?

▶ Welches sind fördernde oder hemmende Rahmenbedingungen für eine inklusive Bildung und inklusiven Unterricht?

Zurzeit findet eine Erweiterung der Studie statt, die sich darauf bezieht, was aus den Schülerinnen und Schülern der Pilotklassen fünf Jahre nach dem Verlassen der Waldhofschule nach der 6. Klasse geworden ist.

Die Waldhofschule im „Netzwerk Bildung für alle in Templin[16]"

Eine gute Schule bleibt nicht allein. Sie kooperiert mit Partnern, denen es ebenfalls um die gute Zukunft der Kinder geht, für die man gemeinsam Verantwortung trägt. So hat sich um die Waldhofschule als „Leit-Einrichtung" das „Netzwerk Bildung für alle in Templin" gebildet, von dem alle Beteiligten, besonders aber die Kinder profitieren. Inzwischen gehören neben der Waldhofschule folgende Einrichtungen dazu: (→ **Kooperationen**)

---

16 Regionale Bildungsnetzwerke gibt es in den meisten Bundesländern auf unterschiedlichen kommunalen Ebenen und mit verschiedenen inhaltlichen Schwerpunkten. Als Beispiel sei auf die Internetseiten von Nordrhein-Westfalen verwiesen, das seine regionalen Bildungsnetzwerke wissenschaftlich begleiten lässt und zuletzt 2014 evaluieren ließ: www.regionale. bildungsnetzwerke.nrw.de. Interessant sind auch die Ausführungen des Deutschen Vereins in den „Empfehlungen zur Weiterentwicklung kommunaler Bildungslandschaften" vom 10. November 2009; siehe www.deutscher-verein.de.

Waldhofkita (eine Integrations-Kindertagesstätte für alle, 1 – 6 Jahre; 90 Plätze, davon 20 Integrationsplätze; besonderer Akzent durch eine „Lernwelt zum selbstgesteuerten Forschen, Experimentieren und Lernen")
2007 Preisträger-Kita Deutscher Präventionspreis
2008 Preisträger Deutscher Arbeitgeberpreis „Umgang mit Diversity"

Kita Eulennest zum Eulenturm (0 – 6 Jahre; 40 Plätze; besonderer Akzent durch offene Gruppenformen und erweiterte Öffnungszeiten)

Familien-Kompetenz-Centrum als Schnittstelle zur Vernetzung von Familien-, Erziehungs- und Bildungskompetenz mit

● Eltern-Kind-Gruppe

● Frühförder- und Beratungsstelle

● Logopädischer Praxis

● Erziehungs- und Familienberatung

● Autismus-Beratung

● Beratung für Eltern von hochbegabten Kindern

● Eltern- und Familienbildung

Außerdem organisiert das Netzwerk mindestens einmal im Jahr einen „**Runden Tisch**" für alle Schulleiter, Kita-Leiterinnen, Ärzte, Therapeuten, Vertreter des Jugend- Sozial- und Gesundheitsamtes, um die gegenseitige Information und Kommunikation zu verbessern.

Die Leiterinnen und Leiter der Einrichtungen im Netzwerk treffen sich mindestens **einmal monatlich** zur Reflektion und Beratung der gemeinsamen Arbeit, um diese zum gegenseitigen Vorteil für alle, insbesondere für die Kinder und ihre Eltern, weiterzuentwickeln.

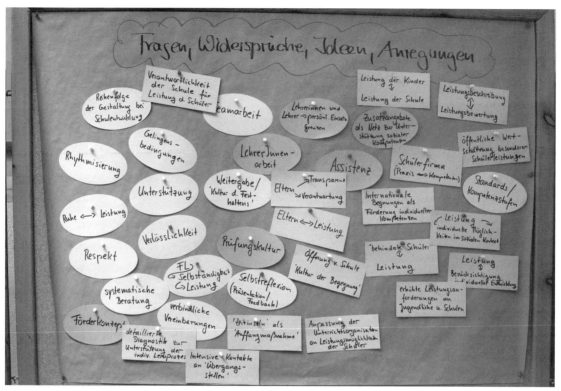

Abb. 7: Alle Ideen und Anregungen sind willkommen

Das Schulprogramm: viel mehr als eine Formsache

 Das Kapitel auf einen Blick

- Schulprogramm erstellen und Ausgangslage berücksichtigen
- Das Leitbild als Grundlage
- Den Faktor „Zeit" beachten
- Attraktiv gestalten, öffentlich wirken

Das Schulprogramm: viel mehr als eine Formsache

Inzwischen ist es im Sinne der Stärkung der Eigenverantwortung der Schulen in fast allen Bundesländern üblich, dass jede Schule ein Schulprogramm erstellt. Darin wird das Leitbild der Schule entfaltet und unterlegt. Das Schulprogramm beschreibt das Profil der Schule und ermöglicht eine hohe Identifikation aller Beteiligten und Kooperationspartner mit der Schule.

Nach **außen** ist das Schulprogramm eine Orientierungshilfe dafür, auf welcher Grundlage, mit welchem pädagogischen Verständnis und mit welchen Ressourcen die Schule arbeitet. **Innerhalb** der Schule ist das Schulprogramm der verbindliche Rahmen für die Verständigung auf gemeinsame Ziele im Sinne von „corporate culture". Es beschreibt konkret, wie die Schule auf der Grundlage der rechtlichen Vorgaben und Verwaltungsvorschriften ihre Gestaltungsfreiräume nutzt. Das Schulprogramm ist somit die Grundlage für die Kultur innerhalb der Schule, sowohl im Umgang miteinander, mit den Schülerinnen und Schülern als auch mit Eltern und Kooperationspartnern.

Jedes Schulprogramm bezieht sich auf zwei Grundlagen:

1. die **Ausgangslage der Schule**

2. das **Leitbild der Schule**

1.   Die Ausgangslage der Schule

Auch wenn das Schulprogramm in einem sehr partizipativem Prozess erarbeitet werden sollte, wird die Ausgangslage sinnvollerweise im Vorfeld von der Schulleitung erarbeitet. Dies ist im Wesentlichen eine Fleißaufgabe. Im Umlaufverfahren können gegebenenfalls alle Kolleginnen und Kollegen noch einmal drauf schauen, die Texte ergänzen oder korrigieren. Damit stehen allen Mitarbeitern auch die gleichen Grunddaten der Schule zur Verfügung.

Zur Beschreibung der **Ausgangslage** sollten folgende Informationen zusammengestellt werden:

- Schulträger

- Zuständige Schulaufsicht

- Schulform und Bildungsgänge

- Zu erreichende Abschlüsse; ggf. Übersicht über die erreichten Abschlüsse der vergangenen fünf Jahre

- Profil der Schule

- Raumprogramm der Schule

- Durchschnittliche Anzahl der Schülerinnen und Schüler / Förderbedarfe / Klassen; ggf. Übersicht über die Entwicklung der Schülerzahlen, Anzahl der Schüler mit diagnostiziertem Förderbedarf in den vergangenen fünf Jahren; ggf. Prognose der Entwicklung in den nächsten Jahren

- Übersicht über das pädagogische Personal (Lehrkräfte, Sonderpädagogen, pädagogische Fachkräfte und Assistenzen), Sozialpädagogen, Therapeuten sowle über das Personal in der Verwaltung (Sekretariat etc.) und das technische Personal (Hausmeister, Reinigung, ggf. Busfahrer etc.)

- Kooperationsbeziehungen der Schule

2. Das Leitbild der Schule

Die **zweite Grundlage** für das Schulprogramm ist das **Leitbild der Schule**.

Das Leitbild (mehr in Kap. III) enthält die richtungsweisenden Ziele. Es beschreibt die übergreifende Grundphilosophie der Schule, oder anders gesagt: Es zeigt den Wertekonsens, auf den man sich in der Schule verständigt hat. In der Regel geht es dabei um eine langfristige Perspektive der schulischen Arbeit.

Das Leitbild muss so knapp und präzise formuliert sein, dass es ohne großen Aufwand und langes Nachdenken zur Orientierung für alle Entscheidungen in der Schule dienen kann. Es sollte in einem eigenen partizipativen Prozess gestaltet werden. Erst nachdem sich alle über ein gemeinsames Leitbild oder eine gemeinsame Vision, wo die Schule in sieben oder zehn Jahren stehen soll, geeinigt haben, ist es überhaupt sinnvoll, inhaltlich an einem **Schulprogramm** zu arbeiten[17]. Anders formuliert: Erst wenn die Basisdaten zur Verfügung stehen, und das Leitbild die Orientierung für schulische Arbeit entwickelt und von allen akzeptierend verabschiedet wurde, kann mit der eigentlichen Schulprogrammarbeit begonnen werden.

Ebenso wie das Leitbild wird das Schulprogramm in einem schulinternen partizipativen Entwicklungsprozess erarbeitet, der von allen in der Schule tätigen Personen organisiert, gestaltet, verantwortet und voran getrieben werden muss. Auch wenn die Initiative in der Regel von der Schulleitung ausgeht, sollte dieser Prozess von einer **Steuerungsgruppe** gestaltet werden.

---

17 Leitbildprozesse sind ein zentrales Instrument auf dem Weg zur Corporate Culture (=gemeinsame Werte, Normen und Einstellungen).

Kernpunkt der Schulprogrammarbeit ist die **pädagogische Konzeption** (mehr dazu in Kap. IV). Auch diese wird sinnvollerweise in einem eigenen Prozess erarbeitet. Auf der Grundlage des Leitbildes verständigt sich das Kollegium auf die Grundvorstellungen der schulischen und pädagogischen Arbeit in Erziehung und Unterricht. Diese gemeinsam erarbeiteten grundlegenden Werte und Ziele sind für alle verbindlich.

Die pädagogische Konzeption enthält die **pädagogischen Leitideen** der Schule und beschreibt, wie diese in den Bereichen Unterricht, Organisation, Personal, Werteerziehung und Schulleben umgesetzt werden sollen. Dabei geht es auch um die Qualität der schulischen, insbesondere der unterrichtlichen Prozesse im Rahmen der schulspezifischen Bedingungen.

Schulprogramm: Die eigene Identität der Schule entwickeln.

Muster für eine Gliederung des Schulprogramms

1. Das Leitbild der Schule

2. Die Ausgangslage der Schule

3. Die pädagogische Konzeption

4. Tagesstruktur / Jahreskreislauf

5. Unterstützungssysteme

6. Kommunikation und Entscheidungswege / -verfahren

7. Eltern und Kooperationspartner

8. Schule als Lernende Institution

▶ Qualitätssicherung und Evaluation

▶ Fortbildungskonzept

▶ Meilensteine für die weiteren Entwicklungsschritte

Prozess / idealtypischer Ablauf der Erarbeitung eines Schulprogramms
Quelle: eigene Darstellung (Wilfried Steinert)

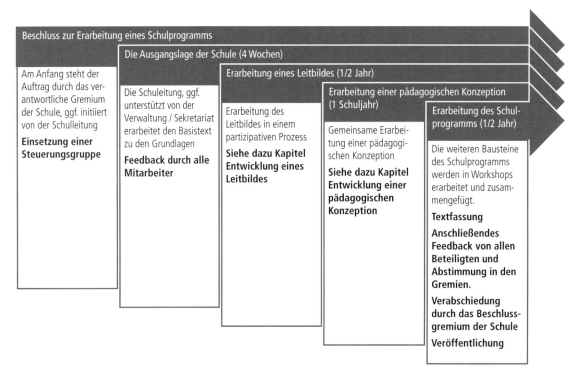

Wie Sie aus dem Ablaufdiagramm erkennen können, wird die Erarbeitung eines Schulprogramms mit den unterschiedlichen Elementen **mindestens zwei Schuljahre** in Anspruch nehmen.

Wilfried Steinert zum Faktor Zeit

Nehmen Sie sich die Zeit! Achten Sie darauf, alle am Schulleben Beteiligten in diesen Prozess einzubinden und auf dem Weg zum Schulprogramm mitzunehmen. Die Gefahr besteht immer wieder darin, dass es zwar um eine gemeinsame Ausrichtung und Darstellung in der Öffentlichkeit geht, also um das sogenannte *„Corporate Design"* (welches auch Details in Grafik, Schrift und Layout regelt), dass dies aber noch längst keine Kultur des gemeinsamen Handelns, eine *„Corporate Culture"*, garantiert. Und genau darum geht es im Schulprogramm: eine Kultur des gemeinsamen Lebens, Lernens, Lehrens und Handelns in der Schule zu entwickeln und zu etablieren.

Mit der Verabschiedung des Schulprogramms in den Beschlussgremien der Schule sollten Sie gleichzeitig festlegen, in welchen Zeiträumen welche Teile des Schulprogramms überarbeitet werden müssen.[18]

Zum Beispiel:

Überarbeitung der Ausgangslage / Grunddaten:	Jährlich am Ende eines jeden Schuljahres
Überarbeiten der pädagogischen Konzeption:	Nach zwei bis vier Jahren
Überdenken des Leitbildes:	Nach zehn bis zwölf Jahren; damit verbunden ist dann auch ein „Relaunch" des gesamten Schulprogramms

Attraktiv gestalten, öffentlich wirken

Die Erarbeitung eines Schulprogramms ist das eine, dessen Etablierung in der Schule und in der schulischen Öffentlichkeit das andere. Ein Schulprogramm, das in Aktenordnern verschwindet und verstaubt oder in kaum lesbarer kleiner Schrift auf der Homepage der Schule veröffentlicht wird, hat kaum die Chance, das Schulleben zu prägen. Deshalb ist es wichtig, die Veröffentlichung auch in Form und Layout, Lesbarkeit und Übersichtlichkeit genau zu planen.[19] Weniger ist oftmals mehr, dann wird konkret und auf einen Blick erkennbar, worum es Ihrer Schule geht. Eine gut gestaltete Broschüre mit Schulprogramm kann ein hervorragendes Aushängeschild der Schule sein – vor allem dann, wenn sich Inhalte und Aussagen in der Schulpraxis widerspiegeln!

Natürlich gehört das Schulprogramm auch auf die Homepage – dann aber unter Nutzung aller Leseerleichterungen. Und möglichst barrierefrei![20]

---

18 Hier können Sie zum Beispiel die Fortschreibung des Schulprogramms der Anne-Frank-Schule Bargteheide (Kreis Stormarn in Schleswig-Holstein) nachlesen: http://afs-bargteheide.de/images/themen/Schulprogramm2011a.pdf.

19 Ob und in welcher Form das Schulprogramm bei der zuständigen Schulaufsicht vorzulegen oder einzureichen ist, ist in den Schulgesetzen der einzelnen Bundesländer sehr unterschiedlich geregelt.

20 Tipps finden Sie hier: www.die-barrierefreie-website.de/.

Wilfried Steinert zur Öffentlichkeitsarbeit

Unterschätzen Sie nicht, wie hilfreich eine professionelle Öffentlichkeitsarbeit Ihrer Schule sein kann, um für Inklusion (und damit auch für Ihre Schule) zu werben. Ich habe es selbst immer wieder erlebt und möchte Ihnen zwei Sätze ans Herz legen:

1. Öffentlichkeitsarbeit ist Beziehungsarbeit („Public Relation"). Sie wirkt identitätsstiftend nach innen und ist bestens geeignet, ein (kommunal)politisches „Standing" und einen Expertenstatus aufzubauen.

2. „PR begins at home". Das unmittelbare Umfeld ist ein wichtiger Multiplikator für das Ansehen Ihrer Schule und Ihres Engagements für Inklusion.

Tipp

Legen sie auf Ihrer Homepage den Button „Presse" an und stellen Sie dort Informationen zu Inklusion allgemein und konkret zu der inklusiven Arbeit an der Schule ein (Unterricht, Projekte, Hospitationen). Vergessen Sie nicht, einen Ansprechpartner Ihrer Schule mit Kontaktdaten zu nennen.

Abb. 8: Inklusion bedeutet, jedes Kind individuell zu betrachten

Zwischenruf
„Inklusion ist bei uns nicht vom Himmel gefallen"

Ein Gespräch mit Reinhold Pfeifer[21], Leiter der Bertolt-Brecht-Gesamt-schule in Bonn. 2012 war die Schule für den Deutschen Schulpreis nominiert und kam unter die besten 15 Schulen.

Jedes Schuljahr nehmen Sie in zwei Klassen jeweils sechs Kinder mit besonderem Förderbedarf auf. Eine Erfolgsgeschichte von Inklusion?

Reinhold Pfeifer: Der Wunsch, inklusiven Unterricht anzubieten, ist auch bei uns nicht vom Himmel gefallen. Anfangs, das war 2007, scheiterten wir sogar erst einmal in der Lehrerkonferenz. Dafür bin ich heute dankbar. Denn dann haben wir angefangen, uns diese Haltung und alles, was an praktischer Umsetzung in der Schule dazu gehört, sehr systematisch zu erarbeiten. Dadurch haben wir die Hemmschwellen mancher Zweifler senken können. Einige sagten zum Beispiel erleichtert: „Ach so, aber das machen wir ja schon! Wir arbeiten doch binnendifferenziert."

Wie arbeiten Sie in den inklusiven Klassen?

Reinhold Pfeifer: In aller Kürze: Wir arbeiten mit Sonderpädagogen zusammen und erstellen für jedes Kind einen Förderplan. An diesem Förderplan orientieren sich alle Kollegen, sie stimmen ihren Unterricht und die Unterrichtsvorbereitung darauf ab, ergänzen den Förderplan, geben Hinweise. Dazu muss man vielleicht noch sagen, dass wir an unserer Schule eine ausgeprägte Teamstruktur haben. Kein Kollege ist auf sich allein gestellt. Gerade in den unteren Klassen sind sehr häufig zwei Kollegen im Unterricht, außerdem die Integrationshelfer, die manches Kind mitbringt; davon profitieren alle Kinder.

Eltern befürchten manchmal, dass ihre „normalen" Kinder zu wenig beachtet werden könnten.

Reinhold Pfeifer: Diese Sorge kann ich bezogen auf meine Schule klar verneinen. Alle Erwachsenen im Unterricht sind für alle Kinder da, auch die Integrationshelfer. Die Sorge, die Sie ansprechen, scheint auch auf dem Rückzug zu sein, denn inzwischen wünschen mehr Eltern für ihr normal begabtes Kind einen Platz in den beiden Inklusionsklassen, als wir anbieten können. Das freut uns sehr. Wir geben übrigens nicht bekannt, welches Kind ein Förderkind ist. Und wer eine

21 Das Interview wurde für das Buch „Was Eltern bewegt: Die beste Schule für mein Kind" geführt und in diesem Band mit freundlicher Genehmigung des Verlages Klett-Kallmeyer abgedruckt.

unserer Inklusionsklassen besucht und sieht, wie die Kinder in kleinen Teams Aufgaben bearbeiten, sich gegenseitig um Rat fragen, ihre Arbeitsmaterialien aussuchen, der findet manchmal nicht heraus, wer denn nun ein Handicap hat und wer nicht.

Das hört sich so an, als sei Inklusion kein großes Problem.

Reinhold Pfeifer: Was soll ich dazu sagen? Es ist auch keines, aber es setzt mehreres voraus. Sie brauchen Ressourcen, davon gibt es meistens zu wenig. Sie brauchen eine bestimmte Haltung, die kann man Menschen nicht verordnen. Und dann muss man Menschen, Institutionen und eben auch einer Gesellschaft zugestehen, dass der Weg zur Inklusion ein Prozess ist. Um es auf Unterricht zu beziehen: Wenn man den Unterricht nicht an einem Durchschnittsschüler ausrichtet, sondern immer wieder neu fragt, wen habe ich heute, an diesem Tag, in dieser Stunde, auch in welcher emotionalen Verfassung vor mir, dann arbeite ich inklusiv. Das geht nicht von heute auf morgen, aber dafür gibt es kollegiale Beratung, Fortbildungen, Experten, Arbeitsmaterial …

… klingt anstrengend…

Reinhold Pfeifer: … weil wir es nicht gewohnt sind. Und weil wir alle immer ein wenig Angst haben, wenn wir etwas Vertrautes aufgeben sollen. Das ist normal. Anstrengend sind vielleicht zunächst die Bereitschaft zur Veränderung und das Aushalten von Unsicherheiten. Aber auch das wird nach und nach zu einer Routine im besten Sinne.

Streng genommen müssten Sie alle Inklusionskinder auf alle Klassen verteilen, um dem inklusiven Gedanken Rechnung zu tragen …

Reinhold Pfeifer: Stimmt. Soweit sind wir noch nicht. Das hat mit den fehlenden Ressourcen zu tun, die gerade schon anklangen. Manchmal wechseln der Förderbedarf und die Zahl der Integrationshelfer innerhalb des Schuljahres. Nur wenn wir alle Personen, die uns durch Inklusion zusätzlich zur Verfügung stehen, in einer bzw. zwei Klassen bündeln, können wir allen Kindern, auch zum Beispiel den leistungsstarken, gerecht werden. Aber eines ist auch klar: Es wird immer Kinder geben, die an einer Förderschule besser aufgehoben sein werden. Da müssen Eltern gut beraten werden.

Entwicklung einer inklusiven Haltung an der Bertolt-Brecht-Gesamtschule (BBG) Bonn

1998 bis 2007	Aufbau der Gesamtschule bei gleichzeitigem „Auslaufen" der Hauptschule
2002 bis 2008	Teilnahme am Modellversuch Selbstständige Schule
2003	Verabschiedung der Schulverfassung. Der Schulverfassungstag wird von nun an jährlich im März gefeiert. Ziel ist es u.a., die Schulgemeinschaft zu feiern und zu festigen und u.a. daran zu erinnern, dass „jeder Schüler und jede Schülerin als Individuum und als Teil der Gemeinschaft wahrgenommen" wird
2005 und 2007	Qualitätsanalysen bestätigen der Schule ein ausgeprägtes Gemeinschaftsgefühl und eine intensive Kultur des Lehrens und Lernens im Team
2007	Die Lehrerkonferenz lehnt es ab, Kinder mit sonderpädagogischem Förderbedarf aufzunehmen
2007 bis 2009	Intensive Auseinandersetzung mit Inklusion in Schule und Unterricht durch Fortbildungen, Hospitationen, Beratung
2009	Die Lehrerkonferenz beschließt: Der „gemeinsame Unterricht" wird mit der Einrichtung „Integrativer Lerngruppen (IL)" zu einem Schwerpunkt des Schulprofils. In jedem neuen Schuljahr wird eine IL gebildet, die von 20 Regelschülerinnen und -schülern sowie sechs mit sonderpädagogischem Förderbedarf besucht wird
2011	Mitarbeit im Netzwerk der UNESCO-Projektschulen
2012	Beschluss der Lehrerkonferenz zur Ausweitung der inklusiven Klassen Schuljahr 2012/2013. Zwei Eingangsklassen nehmen insgesamt 12 Förderkinder auf
2015	Festakt zur Anerkennung der Bertolt-Brecht-Gesamtschule als UNESCO-Projektschule
Schuljahr 2015/2016	Der Arbeitskreis „Zukunftswerkstatt Unterricht" hatte seinen Arbeitsschwerpunkt auf die Entwicklung von Lernzeiten gelegt. Das Konzept startet zu diesem Schuljahr mit allen neuen fünften Klassen

Aus dem Grußwort des Schulleiters Reinhold Pfeifer zur Nachricht aus Paris, dass die BBG UNESCO-Projektschule wird (März 2015):

„Der Wunsch der Eltern, ihre Kinder an unserer inklusiv arbeitenden Schule anzumelden und damit unser aller Arbeit in der Schule zu akzeptieren, bleibt ungebrochen bzw. hat noch weiter zugenommen. Darauf können wir stolz sein. Auch die hohe Zahl von angemeldeten Kindern mit gymnasialer Empfehlung ist nicht nur stabil geblieben, sondern noch gestiegen."

Aus dem Porträt über die BBG im Schulpreisbuch 2012 (Autorin Helga Boldt, Schulleiterin der Neuen Schule Wolfsburg):

„Eine Collage in einer Vitrine im ersten Stock des Hauptgebäudes bringt die Philosophie der Schule auf den Punkt: ‚Jeder Mensch zählt. Schulleben in Vielfalt' (…) Die Bertolt-Brecht-Gesamtschule ist eine junge Schule mit hoher Verbindlichkeit in der Teamarbeit, demokratischen Entscheidungsstrukturen, einer verlässlichen Zusammenarbeit zwischen Elternhaus und Schule und deutlichen Profilakzenten, von denen andere Schulen lernen können. Man darf gespannt darauf sein, welche Impulse von dieser Schule in den nächsten Jahren noch ausgehen werden."

Abb. 9: Kinder verfügen über unerschöpfliche Ressourcen

III Unverwechselbar: ein Leitbild entwickeln

 Das Kapitel auf einen Blick

- Das Leitbild in Korrespondenz zur Haltung
- Beispiele für Leitbilder
- Methoden
- Ein Prozess in acht Schritten
- Exkurs: die Stadt Wolfsburg

Das Leitbild als Impuls und Ausdruck für Haltung

Inklusion beginnt im Kopf! Deshalb muss klar sein, wovon wir uns leiten lassen. Unsere Haltung ist entscheidend für unseren Umgang mit den Schülerinnen und Schülern. Wir können unseren Fokus auf all das legen, was sie nicht können, wo sie den Unterricht stören, wo sie sich ablenken lassen. Wir können darüber stöhnen und verzweifeln, dass Kinder in der eigenen Klasse aus fünf oder acht kulturellen Hintergründen oder Sprachräumen kommen. Oder wir können erkennen, welchen Reichtum an unterschiedlichsten Kompetenzen diese Kinder einbringen, welch eine Vielfalt von Lernchancen ihre Biographien für den Unterricht bieten.

> *„Wenn wir ein Kind nicht auf seine Mängel fixieren,*
> *sondern es in seinen unerschöpflichen Ressourcen sehen,*
> *können wir Zukunft gestalten."*
>
> *(Wilfried W. Steinert)*

Über diese unterschiedlichen Sichtweisen, die bei jeder Lehrerin, jedem Lehrer und jedem Beschäftigten in einer Schule anders aussehen, müssen wir sprechen. Dafür müssen wir einen gemeinsamen Fokus finden. Eine gute Schule ist daran zu erkennen, dass es bei aller Vielfalt der Mitarbeiterinnen und Mitarbeiter eine gemeinsame Haltung gibt, in der Regel orientiert an einem Leitbild.

In jeder Schule ist bereits beim Betreten des Schulgebäudes das **Schulklima** spürbar; ohne dass man schon jemanden gesehen oder gesprochen hat. Schmutzecken, ausgebleichte, längst überholte Plakate, Graffitis, quietschende, schwergängige Eingangstüren usw. Überlegen Sie selbst, wie es Ihnen dabei geht, wenn Sie eine solche Schule betreten. Da wundert es auch nicht, wenn im Eingangsbereich keine Informationen aufzuspüren sind, wo das Sekretariat, Schulleitung oder Hausmeister zu finden sind.

Ganz anders ist der Eindruck, wenn der Eingangsbereich einladend gestaltet wurde, Informationen ins Auge springen oder sofort erkennbar ist, was gerade aktuell los ist. Perfekt, wenn eine Übersicht zeigt, wer wo zu finden ist. Besonders schön: Eine Schautafel mit den Fotos aller Lehrkräfte und Mitarbeiterinnen und Mitarbeiter der Schule. In dieser Atmosphäre fühlt man sich als Gast willkommen. Ein solches Schulklima kann man nicht verordnen. Es wird von der Haltung der dort Lebenden, Arbeitenden und Lernenden geprägt.

Aus einem Bericht über den Besuch einer Schule:

„Friedlich. Freundlich. Leise. Langsam – So werden Schülerinnen, Schüler und Besucher auf einem großen Plakat neben der Schultür begrüßt. Eine von Licht durchflutete, freundliche Atmosphäre prägt Flure, Klassen- und Gruppenräume. Eine Schule, in der man sich gerne aufhält. Eine Schule in einem sozialen Brennpunkt mit einer Lernumgebung, in der man nichts von Aggression und Gewalt wahrnimmt – ausgesprochene Höflichkeit, Fröhlichkeit und Lebendigkeit der Schülerinnen und Schüler empfängt die Besucher..."

Ein anderes Beispiel: eine neue Schule. Hell, alles bestens geordnet und aufgeräumt. Hervorragendes Lernmaterial in allen Klassenräumen. Aber alles wirkt sehr kühl und nüchtern. Man kommt sich vor wie in einer Ausstellung „Die moderne Schule". Ohne Leben. Welche Haltung prägt das Lernen und Leben in dieser Schule? Darf hier etwas kaputt gehen? Wie kann in dieser Perfektion Kreativität entstehen? Darf hier auch einmal Chaos herrschen? Was passiert hier, wenn ein Schüler mal etwas falsch macht, die Ordnung stört?

Noch einmal: Es geht um die Haltung, die in einer Schule herrscht. Um das Leitbild, auf das man sich geeinigt hat und das sich in der Atmosphäre widerspiegelt. Daran kann sich jeder einzelne orientieren. Darauf kann man sich gegenseitig ansprechen. Diese an einem Leitbild orientierte Haltung kann man selbstverständlich nicht verordnen. Ein Kollegium muss sich dieses Leitbild erarbeiten, aneignen; es zur Haltung werden lassen. Da jede Schule, jedes Kollegium anders ist, wird auch jedes Leitbild anders aussehen.

Hier einige Beispiele für Leitbilder:

Leitbild der Helene-Lange-Schule, Wiesbaden:

Der Umgang aller an Schule Beteiligten miteinander ist von Respekt, gegenseitiger Achtung und konstruktivem Bemühen geprägt; die Wahrung der Menschenwürde ist dabei oberstes Gebot. Das schulische Handeln wird bestimmt durch die allgemeinen Menschenrechte und das Streben nach Gerechtigkeit und Solidarität. Daraus resultieren das gemeinschaftliche Bemühen um individuelle Förderung jedes Schülers und jeder Schülerin sowie die Erziehung zu partnerschaftlichem und demokratischem Miteinander. Unterricht ist daher zugleich fachwissenschaftliche Vermittlung, Erwerb von Lernkompetenzen sowie Erziehung hin zu den Werten einer demokratischen Gesellschaft in solidarischer Verantwortung in einem lokalen wie auch einem globalen Sinne. Ein solches Verantwortungsbewusstsein schließt sowohl die Verantwortung für den eigenen Lernprozess als auch für die Gemeinschaft in der Lerngruppe, eine aktive Friedenserziehung, interkulturelle Aspekte und nachhaltigen Umgang mit Umwelt und natürlichen Ressourcen ein.

Quelle: Homepage der Helene-Lange-Schule

Leitbild der Schule Börgermoor, Surwold

„Wurzeln bilden"
Im Wappen der Gemeinde Surwold steht ein kräftiger Baum, der seine Wurzeln in das Erdreich steckt. Analog zu diesem Baum haben wir versucht, ein Leitbild zu finden, das der Schule gerecht wird, uns Ansporn gibt und Möglichkeiten zur Visualisierung bietet.

Dieses Leitbild soll das Dach sein, unter dem die Ziele der Schule beherbergt sind. Es soll unverwechselbar und bei einem hohen Anspruch erreichbar sein und daneben verpflichtend nach innen und außen wirken.

Die Schülerinnen und Schüler, die eingeschult werden, sind wie „kleine Bäumchen", die bei uns in der Schule heranwachsen und bei uns sowie in der politischen Gemeinde und der Kirchengemeinde Wurzeln bilden sollen.

Wir versuchen in unserem Leben immer wieder, in verschiedenen Bereichen Wurzeln zu fassen. Einige Wurzeln bleiben, ein paar richten wir neu aus, einzelne werden gekappt oder erneuert. Innere und äußere Einflüsse bereiten den Boden.

Quelle: Homepage der Schule Börgermoor

Leitbild der Giordano-Bruno-Gesamtschule Helmstedt – Schule für alle Kinder

An der Giordano-Bruno-Gesamtschule lernen und leben Kinder und Jugendliche mit unterschiedlichen Lernvoraussetzungen, unterschiedlichen Interessen und Neigungen ungeachtet ihrer verschiedenen sozialen Herkunft und kulturellen Orientierung in gemeinsamen Klassenverbänden.

Die unterschiedlichen Lernvoraussetzungen der Schülerinnen und Schüler bereichern das Unterrichtsgeschehen. Gleichzeitig bildet ihre Verschiedenheit die Grundlage für individualisierte Lernwege mit unterschiedlichen Stationen und Zielen.

Quelle: Homepage der Giordano-Bruno-Gesamtschule Helmstedt

Leitbild der Waldhofschule Templin – Eine Schule für alle

Wir brauchen alle.
Wir bleiben zusammen.
Niemand bleibt zurück.
Niemand wird beschämt.

Auf den Anfang kommt es an: Die größten Anstrengungen unserer Schule gelten den kleinsten Menschen!

Jeder Mensch zählt – Schulleben in Vielfalt (Leitbild der Bertold-Brecht-Gesamtschule[22])

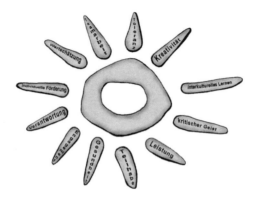

1. Wir sind eine inklusive Schule, die im Rahmen ihrer Möglichkeiten offen für alle ist.

Wir leben als Schulgemeinschaft Inklusion und richten unsere Werte und Haltungen danach aus.
Wir akzeptieren jeden Menschen in seiner Verschiedenheit und erleben diese als Bereicherung.
Wir verstehen Inklusion als Teilhabe an einer zukunftsfähigen Gesellschaft – alle sind dabei.

2. Bei unserem Handeln lassen wir uns von Ideen und Vorbild Bertolt Brechts leiten.

Wir fördern den kritischen Geist junger Menschen.
Wir nehmen unsere gesellschaftliche Verantwortung ernst.
Wir lassen uns von dem Genie des großen Künstlers inspirieren.

3. Wir sind eine Teamschule.

Wir arbeiten in Teamstrukturen und kooperieren in fachlichen, pädagogischen und erzieherischen Fragen.
Als lernende Schule legen wir Wert auf eine enge Vernetzung zwischen den einzelnen Teams der Schule, eine gemeinsame Reflexion und Gestaltung von Schule.
Der Teamgedanke beginnt im Unterricht und setzt sich in allen Gremien der Schülerinnen und Schüler, Lehrerinnen und Lehrer und Eltern fort.

4. Wir sind eine demokratische Schulgemeinschaft, die auf Mitverantwortung, Mitbestimmung und Mitarbeit aller Beteiligten aufbaut.

22 Mit freundlicher Genehmigung zum Abdruck von der Bertolt-Brecht-Gesamtschule Bonn

Wir legen Wert darauf, dass die Schülerinnen und Schüler, Lehrerinnen und Lehrer und Eltern zusammen arbeiten und gemeinsam an Entscheidungsprozessen mitwirken.

Wir fördern unter ihnen eine regelmäßige Kommunikation, die durch Toleranz und Bereitschaft zum offenen Gespräch geprägt ist.

Wir sorgen für klare Strukturen und transparente Schulentwicklungsprozesse.

5. Der Unterricht steht im Mittelpunkt. Durch individuelle Förderung wollen wir eine umfassende Bildung zu erreichen.

Wir fördern individualisiertes und kooperatives Lernen der Schülerinnen und Schüler.

Wir stehen zu einer lernförderlichen Leistungskultur, bei der gegenseitiges Feedback und Anstrengungsbereitschaft selbstverständlich sind.

In unserer Schule soll für das Leben gelernt werden. Wir unterstützen unsere Schülerinnen und Schüler bei der persönlichen Lebensplanung und Berufsfindung.

6. Wir sind mitarbeitende UNESCO-Schule, die sich in der Gesellschaft engagiert und außerschulische Kooperationen pflegt.

Wir entwickeln eine tragfähige Zusammenarbeit mit den verschiedensten Institutionen und Vereinen der Stadt, um Lebens- und Schulwelt sinnvoll miteinander zu verbinden.

Im Unterricht pflegen wir den Kontakt zu außerschulischen Partnern.

Wir beteiligen uns an sozialen Projekten und spüren die Verantwortung für weltumfassende Zusammenhänge.

7. Wir sind eine Schule, die auf die Gesundheit aller Beteiligten achtet.

Wir fördern eine positive Lern- und Lehratmosphäre, die geprägt ist durch Motivation, Neugier und Anerkennung. Wir schätzen das Engagement des Anderen.

Wir legen Wert darauf, dass die äußeren Arbeitsbedingungen für Schülerinnen und Schüler, Lehrerinnen und Lehrer und Eltern die Arbeit unterstützen und erleichtern. Unser Arbeitseinsatz soll effektiv und sinnvoll sein.

Wir erwarten eine gut geführte Schule mit transparenten und verlässlichen Organisationsstrukturen im Sinne eines guten Gesundheitsmanagements.

8. Wir setzen uns realistische Ziele und bleiben offen für neue Ideen.

Der Weg zum Ziel ist geprägt von Zurückschauen (Evaluation), Innehalten (Bewährtes bewahren) und dem Blick nach vorn (Innovation).

Wir setzen uns überschaubare und angemessene Ziele.

Wir verstehen uns als lernende Schule.

Methoden zur Leitbildentwicklung

1. Ein neues Leitbild entwickeln

Die Herausforderungen inklusiver Bildung sind in Ihrer Schule angekommen. Sie wollen sich dem nicht nur einfach beugen, sondern diese Aufgabe als Chance nutzen, sich auch als Kollegium und Schule weiterzuentwickeln. Sie wissen: Inklusion beginnt im Kopf. Die Haltung der Lehrerinnen und Lehrer ist entscheidend. Deshalb nehmen Sie sich die Zeit, gemeinsam mit allen Beteiligten ein Leitbild zu entwickeln. Sie werden erkennen, um wie viel leichter sich viele Probleme lösen lassen, wenn man eine gemeinsame Orientierung hat.

In diesem Abschnitt geben wir ein Beispiel, wie Sie gemeinsam mit allen am Schulleben Beteiligten ein Leitbild für Ihre Schule entwickeln können. Wenn Sie bereits ein Leitbild haben, das Sie nur überarbeiten möchten, finden Sie im folgenden Kapitel entsprechende Anregungen zur Weiterentwicklung eines Leitbildes. Fragen Sie sich:

- Gibt es bereits Leitziele?

- Wer hat diese Ziele erarbeitet? Werden sie von allen oder nur einzelnen oder einer Gruppe vertreten?

- Gibt es Initiativen an der Schule, die eine besondere Orientierung vertreten?

- Gibt es in Ihrer Kommune besondere Leitbilder, an denen Sie sich orientieren oder denen Sie sich zuordnen können?

Die Struktur des Erarbeitungsprozesses:

➠ Entscheidung zur Entwicklung eines Leitbildes [Schulleitung / Steuerungsgruppe]

   ➠ Information in allen schulischen Gremien [Lehrerkonferenz / Mitarbeiterversammlung / Schüler / Eltern / Schulträger / ggf. Kooperationspartner]

      ➠ individuelle und gruppenbezogene Vorbereitung

         ➠ Fachtag „Leitbild-Entwicklung" [mit allen Mitarbeitern der Schule, Elternvertretern, Schülervertretern, Beteiligung von Schulträger und Kooperationspartnern]

            ➠ Dokumentation der Ergebnisse des Fachtags und Bedenkzeit

            ➠ Endredaktion im Plenum der Schule

            ➠ Veröffentlichung

               ➠ regelmäßige Reflexion

2. Entscheidung zur Entwicklung eines Leitbildes

Egal woher der Impuls zur Leitbild-Entwicklung kommt: Sie sollten als Schulleitung Ziele und Strukturen dieses Prozesses festlegen, sinnvollerweise zusammen oder in Abstimmung mit der Steuerungsgruppe oder anderen an der Leitung der Schule beteiligten Gremien/Personen. Sinnvoll ist auch die Einbeziehung des Personalrates oder der Mitarbeitervertretung. Achten Sie von Anfang an auf hohe Transparenz, denn die Ausstrahlung des Leitbildes auf das Handeln, die Arbeit und das Klima in der Schule hängen ganz entscheidend davon ab, dass sich alle in dem Leitbild wiederfinden und damit identifizieren können. Das gilt für die Reinigungskraft ebenso wie für den Hausmeister, Lehrerinnen und Lehrer oder weitere pädagogische Fachkräfte.

Checkliste: 5 wichtige Entscheidungspunkte

I. **Struktur und zeitlicher Rahmen des Entwicklungsprozesses**
Gerade eine Leitbildentwicklung braucht Transparenz und eine klare Struktur. Jeder muss erkennen können, wie mit den Vorstellungen und Ideen umgegangen wird; wer welche Entscheidungen trifft; bis wann man eigene Ideen einbringen kann; wann der Prozess gebündelt und abgeschlossen wird.

II. Klärung der Terminabfolgen

Bis wann werden alle über den Leitbild-Prozess informiert, über ihre Mitwirkungsmöglichkeiten aufgeklärt, zur Mitarbeit motiviert? Bis wann und in welcher Form werden die Vorüberlegungen gebündelt? Finden die Workshops zur Er- und Bearbeitung des Leitbildes an einem Fachtag (mit Unterrichtsausfall) oder im Rahmen von Halbtagsseminaren am Nachmittag oder Abend statt?

III. Wer den Prozess steuert

Schulleitung oder Schulleitungsteam oder Steuerungsgruppe?
Ein speziell für diesen Prozess zusammengesetztes Team? Wie finden sich die Mitglieder dieser Arbeitsgruppe?
Können schulische Ressourcen und Kompetenzen genutzt werden oder müssen Beratung und Moderation von außen eingekauft werden? Bei Nutzung der schulischen Ressourcen und Kompetenzen: Welche Gratifikationen gibt es dafür (Ermäßigungen, Honorare, sonstiges …)?

IV. Sicherstellung von Transparenz und breiter Partizipation

Dokumentation der Prozesse und zeitnahe Veröffentlichung.

V. Wo und wann wird über das (neue) Leitbild entschieden?

Gesamtkonferenz? Schulkonferenz?
Gemeinsame Schulversammlung, offen für alle Schülerinnen und Schüler, Eltern, Lehrkräfte sowie alle weiteren Mitarbeiterinnen und Mitarbeiter der Schule?

Wilfried Steinert zum Stichwort Steuerungsgruppe

Die Bildung einer Steuerungsgruppe ist sinnvoll. Dabei ist darauf zu achten, dass die Mitglieder die Vielfalt der Schule, also die unterschiedlichen Interessen, Gruppen und Positionen so weit wie möglich repräsentieren. Die Steuerungsgruppe hat die Aufgabe, die Leitbildarbeit zu organisieren und zu koordinieren. Sie muss die erforderlichen Arbeitsschritte initiieren, zielorientiert koordinieren und zusammenfassen sowie den Informationsfluss über den Fortschritt der Arbeit am Leitbild an alle sicherstellen.

Dabei ist es sehr hilfreich, wenn die Aufgaben der einzelnen Mitglieder der Steuerungsgruppe klar beschrieben sind. Klären Sie: Wer ist verantwortlich für die Einladungen zu den Sitzungen, den Informationsfluss z. B. in andere Gremien, das Zeitmanagement, Protokoll und Dokumentation, usw.?

In acht Schritten zum Leitbild

1. Information in allen schulischen Gremien

Die schulischen Gremien – von der Lehrerkonferenz bis zu den entsprechenden Eltern- und Schülergremien – werden über den vorgesehenen Prozess zur Leitbild-Entwicklung informiert, vor allem auch über Sinn und Ziel eines Leitbildes. Vergessen Sie dabei auf keinen Fall auch diejenigen zu informieren, die in keinem Gremium vertreten sind. Klären Sie sie über ihre Mitwirkungsmöglichkeiten auf und ermutigen Sie sie zur Mitarbeit in ihren jeweiligen Arbeitszusammenhängen (Hausmeister, Sekretärin, Reinigungskräfte, Schulträger oder Kooperationspartner).

Abb. 10: Freiherr-Vom-Stein-Realschule Neumünster[23]

---

23 Mit freundlicher Genehmigung zum Abdruck von der Freiherr-Vom-Stein-Realschule Neumünster.

Mit so einem (exemplarischen) Brief können Sie Ihre Schulgemeinschaft über den Leitbildprozess informieren

Liebe Schülerinnen und Schüler,
liebe Eltern, liebe Mitarbeiterinnen und Mitarbeiter der Schule,

überall wird zurzeit über gute Bildung und gute Schulen diskutiert. Auch das Thema „Inklusion" spielt dabei immer wieder eine Rolle. Manche sind verunsichert und wollen wissen, wie wir als Schule mit diesen Fragen umgehen. Als Schulleitung (Schulkonferenz, Lehrerkonferenz) haben wir uns deshalb folgendes überlegt: Mit allen zusammen wollen wir in den nächsten Monaten ein Leitbild für unsere Schule erarbeiten. Dazu haben wir eine kleine Arbeitsgruppe gebildet. Sie besteht aus: …

Welches sind die Ziele unserer Arbeit, hinter denen wir alle stehen können? Welches sind die Gedanken, von denen wir uns leiten lassen (wollen). Welche Haltungen wollen wir in unserer Schule fördern?

Viele Schulen haben bereits ein Leitbild entwickelt. In der Eingangshalle der Schule (Pausenhalle, auf den Fluren) haben wir eine Ausstellung über Leitbilder anderer Schulen vorbereitet. Dort finden Sie viele gute Anregungen. Manches könnte auch für unsere Schule passen, manches nicht. Neben den vorgestellten Leitbildern ist viel Platz für Bemerkungen. Jeder kann dort seinen Kommentar abgeben. Vier Wochen (bis zum Datum) stehen dafür zur Verfügung.

In einem zweiten Schritt werden wir in allen Klassen und Gremien der Schule darüber diskutieren, was für unsere Schule wichtig ist und wovon wir uns leiten lassen wollen. Wer in keinem schulischen Gremium vertreten ist, kann seine eigenen Gedanken und Überlegungen der Arbeitsgruppe auch direkt mitteilen.

Im Rahmen eines pädagogischen Fachtages am Samstag (Datum), sollen die verschiedenen Überlegungen zusammengetragen, miteinander besprochen und gebündelt werden. Eine Redaktionsgruppe wird dann die Ergebnisse so zusammenfassen, dass unser neues Leitbild kurz und verständlich ist und höchstens eine Seite umfasst.

Bevor das neue Leitbild in der Schulkonferenz (oder dem entsprechendem Gremium in ihrer Schule) beschlossen wird, hat jeder noch einmal die Möglichkeit, dazu Stellung zu nehmen.

Für Rückfragen und Anregungen stehen Ihnen und euch die Mitglieder der Arbeitsgruppe gerne zur Verfügung!

Mit freundlichen Grüßen

Sabine Musterfrau
Schulleitung

2. Individuelle und gruppenbezogene Vorbereitung

Für die Vorbereitung und breite Auseinandersetzung mit der Entwicklung eines Leitbildes eignet sich sehr gut der „Index für Inklusion"[24]. Dieser Index umfasst die Bereiche, die auch ein Leitbild berücksichtigen sollte: Kultur, Struktur und Praxis einer guten Schule.

Sie können in der Vorbereitung überlegen, welche Fragestellungen Sie aus diesem Index übernehmen. In Anlehnung an das Original in deutscher Übersetzung finden Sie im Folgenden eine Auswahl von Fragestellungen, mit denen sich alle am Schulleben Beteiligten bis zum Fachtag befassen können.

Durch die Auswahl der Statements können Sie einerseits die Arbeit am Leitbild strukturieren und andererseits eine intensive Vorbereitung auf den Fachtag ermöglichen. Die Elternvertreter können sich in ihren Gremien oder im Rahmen einer offenen Elternversammlung darüber verständigen, welche Punkte für sie in einem Leitbild wichtig sind. Schülerinnen und Schüler können in ihren Klassen erarbeiten, was für sie wichtig ist.

Auswahl von Statements in Anlehnung an den „Index für Inklusion" zur Diskussion und Vorbereitung:

---

1. Schulkultur

○ Alle Kinder werden in gleicher Weise wertgeschätzt.

○ Wir versuchen gemeinsam, Hindernisse für das Lernen und die Teilhabe in allen Bereichen der Schule zu beseitigen.

○ Wir bemühen uns, alle Formen von Diskriminierung auf ein Minimum zu reduzieren.

○ Jeder fühlt sich willkommen.

○ Alle arbeiten zusammen.

○ Alle gehen respektvoll miteinander um.

○ Die Gremien arbeiten gut zusammen und alle Mitarbeiterinnen und Mitarbeiter fühlen sich ernst genommen.

○ Kooperationspartner sind in die Arbeit der Schule einbezogen.

○ Weitere Vorschläge: …

---

24 Boban, Ines / Hinz, Andreas (2003): Index für Inklusion, deutsche Übersetzung und Bearbeitung des Index for Inclusion von Tony Booth & Mel Ainscow (2002).

2. Eine Schule für alle entwickeln – unsere Schulstruktur

○ Unsere Schule nimmt alle Kinder ihrer Umgebung auf.

○ Unsere Schule macht ihre Gebäude für alle Menschen barrierefrei zugänglich.

○ Allen neuen Schülerinnen und Schülern wird geholfen, sich in unserer Schule einzugewöhnen.

○ In unserer Schule werden Lerngruppen und Klassen so organisiert, dass alle Schülerinnen und Schüler wertgeschätzt werden und niemand ausgegrenzt wird.

○ Weitere Vorschläge: …

3. Lernen und Leben in unserer Schule

○ Der Unterricht stärkt die Teilhabe aller Schülerinnen und Schüler.

○ Der Unterricht entwickelt ein positives Verständnis von Unterschieden.

○ Schülerinnen und Schüler lernen miteinander.

○ Die Lehrkräfte planen, unterrichten und reflektieren im Team.

○ Alle Schülerinnen und Schüler beteiligen sich auch an Aktivitäten außerhalb der Klasse.

○ Die Unterschiedlichkeit der Schülerinnen und Schüler wird als Chance für das Lehren und Lernen genutzt.

○ Fachkenntnis und die Ressourcen der Mitarbeiter können sich voll entfalten.

○ Die Ressourcen im Umfeld der Schule sind bekannt und werden genutzt.

○ Die Schulressourcen werden gerecht verteilt, um Inklusion zu verwirklichen.

○ Weitere Vorschläge: …

4. Was mir / uns sonst noch für das Leitbild wichtig ist …

○ Weitere Anregungen …

○ Weitere Anregungen…

○ …

Die oben stehenden Aussagen werden übersichtlich strukturiert auf vier Arbeitsblätter (Arbeitsbögen) gedruckt und für alle zur Verfügung gestellt. Daraus können dann die wichtigsten Leitziele herausgearbeitet werden. Eine mögliche Methode: Jeder kann für jede Kategorie drei Punkte vergeben. Oder (für Klassen geeignet): Jeder kann 100 Cent auf die einzelnen Punkte verteilen.

3. Kernpunkte herausarbeiten

Für die weitere Arbeit ist es wichtig, die Kernpunkte eines Leitbildes herauszuarbeiten. Dazu ist es sinnvoll, sich für jeden Bereich (**Schulkultur**, Arbeitsbogen 1; **Schulstruktur,** Arbeitsbogen 2; **Schulpraxis,** Arbeitsbogen 3) auf eine, maximal drei Zielformulierungen zu verständigen.

Einerseits wird dabei erkennbar, wie unterschiedlich die Vorstellungen in den Köpfen der Beteiligten sind. Andererseits: Je mehr Aspekte im Leitbild vorkommen sollen, desto größer wird die Gefahr, dass das Leitbild zu einem allgemeinen Appell ohne Identifikationswert wird. Je allgemeiner und oberflächlicher das Leitbild ist, je weniger wird es das Handeln der Schule verändern und prägen.

Ermutigen Sie auch zum kreativen Umgang mit den genannten Aussagen. Selbstverständlich dürfen sie verändert, zusammengefasst oder ergänzt – oder ganz neu und anders formuliert – werden.

4. Ein Fachtag (Titel z. B. „Auf dem Weg zur Inklusion – Wir entwickeln unser Leitbild") fasst den Diskussionsprozess zusammen

Der Fachtag sollte relativ schnell nach der individuellen Auseinandersetzung bzw. der Gruppenarbeitsphase folgen. Ist der Abstand zu groß, kann sich die Dynamik des Prozesses insbesondere für die Schülerinnen und Schüler zu sehr abschwächen. Der Termin für den Fachtag sollte so gewählt werden, dass auch Schüler- und Elternvertreter sowie das technische und erweiterte pädagogische Personal der Schule teilnehmen können. Laden Sie rechtzeitig (etwa sechs Wochen vorher) ein und legen Sie der Einladung eine **Vorbereitungsmappe** bei. Darin sind Ergebnisse der bisherigen Diskussionen in den einzelnen Gruppen zusammengefasst. In diese Mappe gehören auch die Muster-Leitbilder aus anderen Schulen mit den Kommentaren aus der Einstiegsphase (Dokumentieren der Kommentare durch Fotografieren).

Zum Fachtag „Auf dem Weg zur Inklusion – Wir entwickeln unser Leitbild" eingeladen werden

- Lehrkräfte,

- Unterstützendes Fachpersonal,

- Technisches Personal,

- Eltern,

- Schülerinnen und Schüler (hier ggf. nach Jahrgangsstufen differenziert),

- Schulträger und Kooperationspartner.

Wichtig ist, sich für den Fachtag Zeit zu nehmen und genügend Freiräume (auch Pausen) zur informellen Kommunikation einzuplanen. Bestimmen Sie einen erfahrenen Moderator, der durch den Fachtag führt.

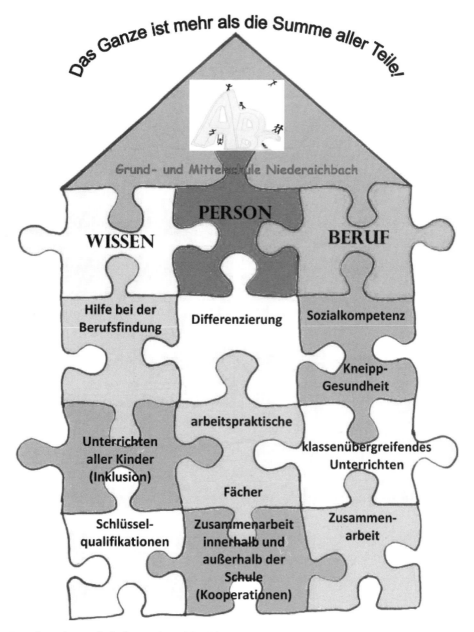

Abb. 11: Grund- und Mittelschule Niederaichbach[25]

---

25 Mit freundlicher Genehmigung zum Abdruck von der Grund- und Mittelschule Niederaichbach.

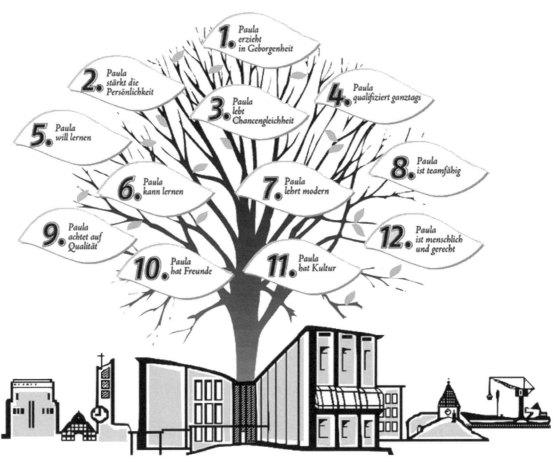

Abb. 12: Paula Modersohn Schule[26]

26 Mit freundlicher Genehmigung zum Abdruck von der Paula Modersohn Schule.

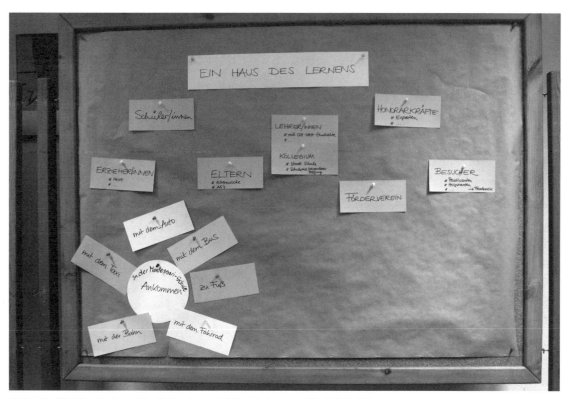

Abb. 13: Nicht selbstverständlich, aber wichtig: Ruheraum für Lehrkräfte

Möglicher Ablauf für den Fachtag „Auf dem Weg zur Inklusion – Wir entwickeln unser Leitbild"

09:30 Uhr   Ankommen, Kaffee, Imbiss

10:00 Uhr   Begrüßung
                   Einführung in die Zielsetzung des Tages mit einer Indexfrage

Beispiel Indexfrage:

„Wird es in unserer Schule positiv erlebt, Unterschiedlichkeit und Vielfalt zu entdecken und sie zu erleben"?[27]

Methode „Think-Pair-Share"[28]:

1. Die Indexfrage steht gut sichtbar an einer Tafel, einem FlipChart oder ist mehrfach groß ausgedruckt (DIN A4) und verteilt, so dass jeder die Frage vor Augen hat.

2. Zwei Minuten denkt jeder für sich darüber nach, wie er diese Frage für sich beantwortet.

3. Anschließend werden die eigenen Überlegungen mit dem Nachbarn geteilt und vertieft (maximal fünf Minuten).

4. Zum Schluss werden die Erfahrungen aus den Gesprächen über diese Indexfrage im Plenum ausgetauscht (maximal 12 Minuten).

Wilfried Steinert zum Stichwort Einsatz von Methoden

Methoden sollten nie willkürlich, sondern gut überlegt gewählt, eingesetzt und souverän moderiert werden. Durch die Bearbeitung einer Indexfrage und die Methode „Think-Pair-Share" haben alle in der Eröffnungsphase des Fachtages die Möglichkeit, auf gleicher Augenhöhe Erfahrungen miteinander zu teilen, bei denen es kein „richtig" oder „falsch" gibt. Gerade wenn sich die Indexfrage auf Gedanken über die Leitbildentwicklung bezieht, kann durch eine so gestaltete Eröffnungsphase das Arbeitsklima für den Fachtag geprägt werden.

---

27 Nach: Inklusion vor Ort. Der Kommunale Index für Inklusion – ein Praxishandbuch, Montag Stiftung Jugend und Gesellschaft, S. 40.

28 Die Methode kommt aus dem kooperativen Lernen und folgt dieser Struktur: **Think** (1): Arbeite zuerst für dich alleine. Lies den Text, studiere die Aufgabenstellung, mache Notizen, schlage nach, krame in Unterlagen und im Gedächtnis. **Pair** (2): Teile und vertiefe die Ergebnisse deiner Überlegung in Partner- oder Gruppenarbeit. **Share** (3): Präsentiert eure Arbeitsergebnisse im Plenum, vergleicht und vertieft sie gegebenenfalls.

10:30 Uhr **Präsentation der erarbeiteten Leitbild-Segmente**
Die einzelnen Gruppen präsentieren ihre Überlegungen zum Leitbild im Plenum. Ihre Kernaussagen werden dabei mittels Moderationskarten auf einer Pinnwand fixiert.

Methode „Präsentation"

Bei der ersten Präsentation sollten unterschiedliche Ziele auf den Moderationskarten in genügend großem Abstand angeheftet werden, damit die Aussagen der Gruppen zugeordnet werden können.

In der Folge werden ähnlich Aussagen und Überlegungen entsprechend zugeordnet („geclustert"). Alle – auch abweichende Beträge – werden positiv gewürdigt. Rückfragen und eine wertschätzende Diskussion sind in dieser Phase wichtige Grundlagen eines gelingenden Leitbildprozesses.

12:00 Uhr **Murmelphase:** Jeweils drei bis fünf Teilnehmer besprechen leise das vorliegende und sich in den angehefteten Moderationskarten widerspiegelnde Ergebnis.

12:15 Uhr **Mittagspause**
Während der Mittagspause: Zeit zur Kommunikation!

13:15 Uhr **Kreative Gruppenarbeit**
Bildung von kleinen Arbeitsgruppen nach dem Zufallsprinzip, fünf bis sieben Teilnehmer pro Gruppe.
Aufgabe: Aus den vorhandenen Überlegungen und Präsentationen in möglichst kurzen, maximal sieben Sätzen, die wichtigsten Leitgedanken zu formulieren.
Besondere Formen (Gedicht, Song, „Elfchen", Aufzählung oder andere Formen) können den Prozess verdichten.

Methode „Tisch-Zeitung"

Für jede Gruppe ist ein Tisch mit Packpapier als Schreibunterlage vorbereitet (Achtung: Bei Benutzung von dicken Eding-Stiften das Papier doppelt auslegen, da die Farbe sonst auf der Oberfläche der Tische Spuren hinterlässt.) Die Gruppe schreibt ihren Text gut lesbar auf die Tisch-Zeitung, aber so, dass auch noch Kommentare hinzugefügt werden können.

Methode „Elfchen"

Ein „Elfchen" ist ein Gedicht. Es muss sich nicht reimen. Es besteht aus elf Wörtern in fünf Zeilen:

1. Zeile: Ein Wort **(Inklusion)**
2. Zeile: Zwei Wörter **(öffnet Welten)**
3. Zeile: Drei Wörter **(kann Schule verändern)**
4. Zeile: Vier Wörter **(wir sind alle verschieden)**
5. Zeile: Ein Wort (z. B. als Quintessenz oder Zusammenfassung) **(Gemeinschaft)**

14:30 Uhr	**Kommentatoren Runde**

14:30 Uhr **Kommentatoren Runde**
Viele Leitbild-Ideen „stehen" auf den Tischen. Einiges erschließt sich sofort und man kann es mit einem Ausrufezeichen versehen. Anderes wird von einigen nicht verstanden, Fragen können dazu geschrieben werden. Kommentare, Anregungen, Ergänzungen; dafür ist noch genügend Platz auf den Tischdecken. Jeder hat Zeit, die Texte auf sich wirken zu lassen und in aller Ruhe seine Kommentare dazu zu formulieren.
Diese Runde geht über in die offene ...

15:15 Uhr **... Kaffeepause ...**

15:30 Uhr **Ergebnisse gewichten**
Im Anschluss an die Kaffeepause bekommt jeder Teilnehmer drei grüne und einen roten Punkt. Mit Grün kann man markieren, was man unbedingt im Leitbild wiederfinden möchte. Rot gibt die Möglichkeit, etwas abzulehnen – auch das gehört zum offenen Prozess dazu.

15:45 Uhr **Eine Redaktionsgruppe übernimmt die weitere Arbeit**
Bildung einer Redaktionsgruppe, die aus den Ergebnissen des Tages einen Leitbildtext formulieren wird. Dazu ist es wichtig, die Arbeitsschritte und Ergebnisse des Fachtages gut zu dokumentieren (siehe dazu 6. Schritt).

16:00 Uhr **Die Arbeit am Leitbild ist für diesen Tag beendet!**
Dank an alle Akteure, Unterstützer und kleine und große Helfer des Tages (inklusive Essensversorgung!).

Tipp

Verschiedene Sinnesanregungen wirken entspannend auf die „Kopfarbeit" und berühren Menschen anders als nur über das Gespräch. Leise Musik in den Pausen (CD)
oder kurze Auftritte eines Theater- oder Musikensembles der Schule machen den
Arbeitstag lebendig. Er kann auch mit einem geselligen Beisammensein abgeschlossen werden. So wird der Fachtag „Auf dem Weg zu Inklusion – Wir entwickeln
unser Leitbild" zu einem kleinen „Event" mit Erlebnischarakter, der länger in Erin-
nerung bleibt. Unter diesem Aspekt sollte auch das Catering ausgewählt werden.

5. Dokumentation der Ergebnisse des Fachtags, Leitbildentwurf und Bedenkzeit

Es muss an dieser Stelle nicht betont werden, wie wichtig es ist, die Ergebnisse des Fachtages zu dokumentieren, um daraus ein gutes knappes Leitbild zu formulieren. Am wenigsten Aufwand erfordert die fotografische Dokumentation der einzelnen Schritte während der Präsentation der im Vorlauf erarbeiteten Überlegungen. Ebenso können die „Tischdecken" gut fotografiert werden. Mit ein wenig Mehraufwand können die Texte und Kommentare von den Tischdecken auch abgeschrieben werden und zusammen mit den Fotos dokumentiert werden.

Die Redaktionsgruppe fertigt in zeitlicher Nähe zum Fachtag einen Entwurf für ein Leitbild.

Hilfreich für ein gut formuliertes, verständliches und eingängiges Leitbild ist, die SMART-Methode anzuwenden.

Methode SMART

Die Abkürzung SMART steht für:

S = **S**pezifisch auf die eigene Schule ausgerichtet
M = **M**essbar – Woran können wir erkennen, dass wir uns am Leitbild orientieren?
A = **A**ngemessen und erreichbar – keine utopischen oder unerreichbaren Aussagen
R = **R**ealistisch im Schulleben zu verwirklichen und umzusetzen
T = **T**erminlich / zeitlich umsetzbar – keine Fernziele, sondern klare Schritte, die in der nächsten Zeit umgesetzt werden können

Das Leitbild sollte klar, knapp und konkret formuliert sein. Je besser sich alle das Leitbild merken können, je verständlicher wird es wahrgenommen. So kann es als Handlungsrahmen für alle die Haltung der Schulgemeinschaft nachhaltig prägen.

Der **Leitbild-Entwurf** wird dann in der Schule an möglichst vielen Stellen ausgehängt, vor allem auch in jedem Klassenraum. Über einen Zeitraum von vier Wochen gibt es Zeit zum Nachdenken, Gelegenheit zur Identifikation, zur Veränderung und zur Kommunikation über das Arbeitsergebnis.

6. Endredaktion im Plenum der Schule

Dann kommt der große Tag: Die Endredaktion im Plenum der Schule steht an.

Planen Sie dafür eine Zeit, in der alle teilnehmen können (z. B. die dritte und vierte Schulstunde), und wählen Sie einen Raum, in dem sich alle versammeln können. Sie (oder die Moderation) können so vorgehen:

- Über Beamer und Leinwand wird der Entwurf des Leitbildes allen präsentiert. Die Redaktionsgruppe erläutert den bisherigen Erarbeitungsweg und ihre Entscheidungen für den vorgelegten Text.

- Dann wird das Leitbild Satz für Satz abgestimmt. Änderungsvorschläge werden über den Word-Menüpunkt „Änderungen nachvollziehen" eingefügt und zur Abstimmung gestellt, anschließend angenommen oder verworfen – je nach Abstimmung im Plenum.

- Abschließend wird der komplette Text zur Abstimmung gestellt.

- Der angenommene Text wird dann von der versammelten Schulgemeinschaft gemeinsam laut vorgelesen. Jetzt hat sich die Schule ein neues Leitbild gegeben.

Wilfried Steinert zum Stichwort „Leitbild-Prozess"

Manch einer mag denken: Lohnt sich dafür dieser ganze Prozess?
Ja! Schule ist keine Anstalt, auch keine Bildungsanstalt, sondern ein Lern- und Lebensraum für Schülerinnen und Schüler, Lehrerinnen und Lehrer, andere Mitarbeiter und für die vielen, die daran beteiligt sind, gute Bildung zu gestalten. Jedes Nachdenken, Austauschen und Sich-Verständigen auf die gemeinsame Haltung trägt dazu bei, das Miteinander zu fördern und eine lernfreudige Schulgemeinschaft zu entwickeln. Meine Überzeugung: Die für diesen Prozess eingesetzte Zeit ist in jedem Fall gewonnene Zeit.

Zum Nachdenken

Achte auf deine Gedanken,
denn sie werden zu deinen Worten.
Achte auf deine Worte,
denn sie werden zu deinen Handlungen.
Achte auf deine Handlungen,
denn sie werden zu deinen Gewohnheiten.
Achte auf deine Gewohnheiten,
denn sie werden zu deinem Charakter.
Achte auf deinen Charakter,
denn er wird dein Schicksal.

(Aus dem Talmud)

7. Veröffentlichung

Ein Leitbild, das in Aktenordnern verstaubt, bleibt wirkungslos. Es gehört als Plakat in jeden Klassenraum, in das Lehrerzimmer, in die Flure. Schön gestaltet soll es die Aufmerksamkeit auf sich ziehen. Ideal, wenn es so kurz ist, dass man es auf eine Postkarte drucken kann, oder wenigstens auf einen Flyer.

Jeder in der Schule bekommt das Leitbild. Wenn Schülerinnen oder Schüler neu aufgenommen werden, bekommen sie es ebenso wie ihre Eltern – mit den mündlichen Erläuterungen durch die Schulleitung oder Klassenlehrkräfte. Und: die Homepage nicht vergessen!

> **Tipp**
>
> Lassen Sie das Leitbild nicht im Schulprogramm „untergehen". Es sollte sich im Layout vom umfassenderen Text des Schulprogramms abheben und auch auf Ihren Internetseiten einen eigenen „Button" bekommen.

8. Regelmäßige Reflexion des Leitbildes

Mit der Veröffentlichung des Leitbildes ist der Erarbeitungsprozess abgeschlossen. Nun geht es darum, dieses Leitbild als Haltung im Schulalltag zu implementieren und nach einer gewissen Zeit zu reflektieren.

Durch den „Index für Inklusion" ist eine Form der Auseinandersetzung mit Haltungen geschaffen worden, die auch für die Etablierung eines neuen Leitbildes oder die Reflektion eines bestehenden genutzt werden kann. Wie man diese Fragen einsetzen kann beschreibt sehr gut das Praxishandbuch „Inklusion vor Ort – Der Kommunale Index für Inklusion", dort im Kapitel „Methoden zur Arbeit mit Index-Fragen"[29]. Zum Beispiel ist es denkbar, jede Konferenz oder Versammlung mit einer Index-Frage zum Leitbild oder anderem Arbeitsschwerpunkten der Schule zu beginnen.

Im Folgenden ist an einem Beispiel der Waldhofschule in Templin dargestellt, wie man Index-Fragen zu einem Leitbild formulieren kann:

29 vgl. Fußnote 27.

Die Waldhofschule in Templin hat für ihre Arbeit folgendes knappes Leitbild erarbeitet:

Wir brauchen alle
Wir bleiben zusammen
Niemand bleibt zurück
Niemand wird beschämt

So einfach dieses Leitbild auch erscheint, ohne die regelmäßige Reflexion dieser Aussagen über die Index-Fragen, ist es sehr schwer, auch ein so eingängiges Leitbild im Denken und Handeln einer Schule zu verankern.

Mögliche Index-Fragen zu diesem Leitbild:

? Brauchen wir wirklich alle Schülerinnen und Schüler?

? Brauchen wir wirklich alle Kolleginnen und Kollegen?

? Brauchen wir wirklich alle Eltern?

? Wen würde ich gerne loswerden? Was gewinne ich damit? Was verliere ich damit?

? Was macht „Sitzenbleiben" mit dem Schüler/der Schülerin und der Klassengemeinschaft?

? Bekommt jeder in unserer Schule die Unterstützung und Hilfe, die er braucht?

? Achtet jeder aufeinander, auch darauf, dass jede Kollegin, jeder Kollege die gleichen Informationen hat, dass auch Eltern nicht vom Informationsfluss abgehängt werden?

? Kann jeder bei uns in Problemsituationen darauf vertrauen, dass ihm geholfen wird – Lehrkräfte, Eltern, Kinder?

? Wird niemand in unserer Schule beschämt?

? Wird bei uns in der Schule niemand auf Fehler der Vergangenheit festgelegt?

? Wird bei uns Kritik sachlich und offen benannt?

? Anschreien, Gewalt oder Zwang kommen bei uns nicht vor?

? Abwertung, Bloßstellen oder Erniedrigung gibt es an unserer Schule nicht?

? Positives Handeln wird bei uns grundsätzlich bestärkt?

Diese Beispielfragen sollen Sie dazu anregen, Ihre eigenen Ideen zu entwickeln. Sie können aber auch die obigen Index-Fragen ohne Probleme verändern und an Ihr Leitbild anpassen.

Wenn Sie zu Beginn einer Konferenz oder Beratung eine Indexfrage auswählen und darüber sprechen, lautet der wichtigste Grundsatz: Es gibt kein „falsch" oder „richtig". Jeder Beitrag ist es wert, ernstgenommen zu werden, ist ein Statement, das die Haltungen in ihrer Schule widerspiegelt.

Eine Schulleiterin erzählt

Beschämung oder: „Wer Angst hat, stehe bitte auf"
Zwei Schülerinnen einer zweiten Klasse kommen zu mir als Schulleitung. Sie sagen: „Unsere Klassenlehrerin brüllt uns manchmal an, wenn wir zu laut sind. Dann kriegen wir richtig Angst. Das ist doch auch so etwas wie „beschämt werden"?!
Nun ist es an mir, mit der Kollegin diesen Sachverhalt zu klären, ohne sie selbst zu beschämen. Es scheint gelungen zu sein: Die Kollegin erläutert, dass sie manchmal einen „Brüller" loslässt, wenn die Unruhe der Klasse zu groß geworden ist. Und sie war froh, dass dann Ruhe eintrat. Dass dies ein ängstliches Schweigen war, war ihr nicht bewusst. Nun konnte sie mit der Klasse darüber reden und Lösungen finden.
Dieses Beispiel für Beschämung erzählte ich in einer Schulleitungsfortbildung. Darauf eine Schulleiterin, die eine weniger empathische Kollegin erlebt hatte: „Die Eltern einer dritten Klasse hatten sich auf einem Elternabend bei der Klassenlehrerin beschwert, dass ihre Kinder Angst vor ihr hätten. Am nächsten Morgen fragt sie ihre Klasse: ‚Ich habe gehört, ihr habt Angst vor mir. Wer Angst hat, stehe bitte auf'!"

Es braucht lange, bis ein Leitbild zum prägenden Element der Haltung einer Schule wird. Seien Sie sich dessen bewusst. Immer wieder wird es „Rückfälle" in tradiertes, überholtes Verhalten geben. Das ist ganz normales menschliches Verhalten.

Wilfried Steinert zum Stichwort „Rückfälle"

Sie fahren mit dem Auto zur Schule. Jeden Tag den gleichen Weg über die Autobahn. Jahraus, jahrein. Dann erzählt Ihnen jemand, dass sie die Autobahn auch eine Ausfahrt eher verlassen können. Zwar ist der Weg etwas länger, aber viel entspannter zu fahren.
Sie wählen den neuen Weg. Wirklich! Viel schöner! Wochen-, monatelang fahren Sie den neuen Weg.
An einem Morgen sind Sie gestresst. Fahren an der Ausfahrt vorbei, Sie nehmen den früheren Weg.

Auch am nächsten Tag, wochenlang. Sie merken nicht einmal, dass Sie in die „alten Bahnen" zurückgefallen sind – bis Sie einer fragt, ob Sie den Weg eine Ausfahrt früher kennen…

9. Ein vorhandenes Leitbild weiterentwickeln[30]

Sie sind eine gute Schule. Sie leisten eine gute Bildungsarbeit. Das Schulklima ist gut. Und Sie erkennen: Mit den Herausforderungen inklusiver Bildung verändert sich etwas im Alltag der Schule. Sie merken: Das alte Leitbild trägt nicht mehr. Innehalten ist angesagt, sich neu zu orientieren. Wenn das so ist, dann müssen Sie nicht den gesamten Entwicklungsprozess neu starten. Überlegen Sie, was Sie ändern wollen. Geben Sie den Kolleginnen und Kollegen Gelegenheit, sich dazu zu äußern, was sie als überholt empfinden, wo sie etwas ändern wollen. Und dann überlegen Sie in der Steuerungsgruppe oder in der erweiterten Schulleitung, an welcher Stelle Sie in diesen Prozess einsteigen wollen. Vergessen Sie aber nicht: Nehmen Sie wieder alle am Schulleben beteiligten mit.

---

30 Gute Beispiele für einen Relaunch von Leitbildern gibt es z. B. hier zu sehen: www.ema-schule-koeln.de und http://www.campus-ohz.de/index.php/leitbild (Stand August 2015).

Exkurs: die Stadt Wolfsburg

Die Stadt Wolfsburg hat eine Kommune unter der Überschrift **„Wolfsburg auf dem Weg zur inklusiven Bildungsstadt"** ein regionales Leitbild für Inklusion entwickelt.

Dabei ging sie so vor:

- In zwei Planungssitzungen verständigte sich die Steuerungsgruppe mit Schulamt (Bildungsbüro), Landesschulbehörde sowie ausgewählten Schulleitern über Vorhaben und Vorgehen.

- Auf einer Fachtagung, an der fast alle Wolfsburger Schulen vertreten waren, wurden Ziele für den Wolfsburger Bildungsprozess erarbeitet. Am Ende der Tagung stand eine einstimmige Verabschiedung (bei zwei oder drei Enthaltungen).

Leitbild „Wolfsburg auf dem Weg zur inklusiven Bildungsstadt"

Als Wolfsburger Schulleiterinnen und Schulleiter wollen wir uns der Herausforderung stellen, die UN-Behindertenrechtskonvention so umzusetzen, dass wir zu einer inklusiven Bildungsstadt werden.

Ziel unserer schulischen Arbeit ist es:

Jedes Kind in Wolfsburg optimal zu fördern und herauszufordern

zu einer selbstbewussten, neugierigen Persönlichkeit,

die motiviert ist, die vor ihr liegende Zukunft zu gestalten!

Auf diesem Weg brauchen wir alle – wir wollen kein Kind aufgeben. Diesen Prozess zur inklusiven Bildungsstadt wollen wir gemeinsam gestalten, dabei wollen wir niemanden ausgrenzen oder zurücklassen.

Kein Kind in einer Wolfsburger Schule soll diskriminiert oder beschämt werden.

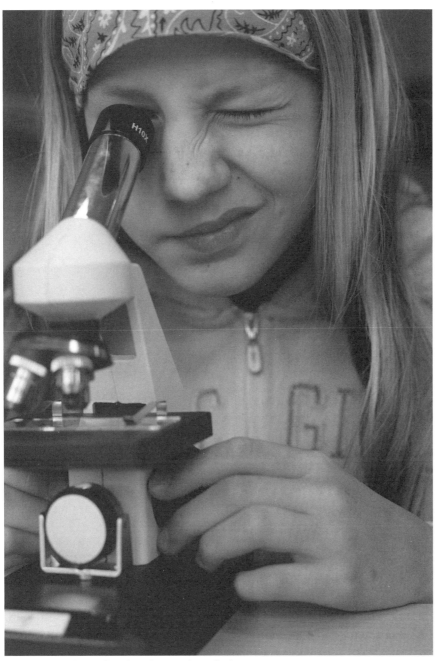

Abb. 14: Kinder wollen forschen und entdecken

Zwischenruf
Inklusion – auch für Menschen mit besonderen Begabungen eine Chance

Ein Gespräch mit Prof. Christian Fischer, Institut für Erziehungswissenschaft an der Universität Münster

Alle reden von Inklusion. Viele denken dabei an Kinder mit Beeinträchtigungen und deren Recht, „Regelschulen" besuchen zu können. Betrifft Inklusion also die Gruppe der Kinder mit besonderen Begabungen nicht?

Christian Fischer: Oh doch. Die Frage lautet, was inklusives Arbeiten heißt. Die Grundidee ist doch die der Partizipation. Es geht um eine Schule für alle. Dabei liegt die Betonung auf *alle*. Und dazu gehören natürlich auch die Kinder und Jugendlichen mit besonderen Begabungen. Inklusion bedeutet, auf die speziellen und unterschiedlichen Bedürfnisse von Mädchen und Jungen einzugehen.

Wie kann Lernen in heterogenen Gruppen mit einer Bandbreite von Kindern mit besonderem Förderbedarf einerseits und Kindern mit besonderen Begabungen andererseits funktionieren?

Christian Fischer: Inklusive Schule meint nicht, dass Kinder alles gemeinsam lernen. Manches kann gut im gemeinsamen Unterricht erarbeitet werden, für anderes sollten kleinere Spezialgruppen gebildet werden. Dort arbeiten die Kinder je nach ihren unterschiedlichen Bedürfnissen und treffen sich anschließend wieder in der großen Gruppe. Es geht um einen Gleichklang von Fördern und Fordern. Bezeichnend ist für mich der Satz eines Kindes mit speziellen Talenten: „Wenn Aufgaben schwierig sind, mache ich keine Fehler; wenn sie zu leicht sind, mache ich viele Fehler." Will heißen, Unterforderung lässt die Motivation und Konzentration sinken.

Und Überforderung?

Christian Fischer: Ein komplexes Thema. Auch Überforderung kann zu Demotivation und Frustration führen. Entscheidend für erfolgreiche Lernprozesse ist die Passung von schulischen Lernangeboten und individuellen Lernbedürfnissen der Kinder. Aber es gibt auch Untersuchungen, die den Blick auf Kinder mit dem Förderschwerpunkt Lernen, die eine Regelschule besuchen, richten. Diese zeigen in einem anregenden Lernumfeld mehrheitlich größere Lernerfolge und erreichen öfter reguläre Schulabschlüsse als vergleichbare Kinder an einer Förderschule.

Sind Lehrerinnen und Lehrer in Deutschland ausreichend auf diese Herausforderung vorbereitet?

Christian Fischer: Nein. In der Regel wissen sie noch zu wenig. Es ist eher zufällig, wenn sie sich der vielfältigen Dimensionen von Diversität, d.h. besondere Begabungen, Beeinträchtigungen, Benachteiligungen oder sonstige Barrieren bewusst sind und entsprechend darauf reagieren können. Allerdings erschweren es ihnen auch die Rahmenbedingungen von Schule oftmals enorm.

Ist Inklusion aber nicht eher eine Frage der Haltung als der Rahmenbedingungen?

Christian Fischer: Auf jeden Fall ist die Haltung neben den Ressourcen und Kompetenzen der Lehrerinnen und Lehrer zentral. Es geht darum, zu einer gemäßigten Kategorisierung und weg von diesen Labeln zu kommen; hier das Label „Hochbegabung", dort das Label „Legasthenie". Es muss darum gehen, Menschen entwicklungsoffen zu betrachten. Auch besondere Begabungen sind nicht angeboren, sondern das Ergebnis der Interaktion von Anlage und Umwelt. Bei einer passenden Lernumgebung können sich besondere Begabungen verstärken. Sie können sich aber auch bei inadäquaten Lernbedingungen mindern. Das macht deutlich, wie wichtig individualisierte Förderangebote sind. Die Sichtweise muss sich tatsächlich ändern. Ein Kind ist nicht verhaltensauffällig; es wird von der Umgebung als verhaltensauffällig wahrgenommen. Wichtig ist, dass sich unsere Grundhaltung nicht auf eventuelle Defizite, sondern auf die Potenziale richtet.

Zum Beispiel?

Christian Fischer: Das gilt zum Beispiel für die Mehrsprachigkeit und die Wertigkeit, die wir ihr einräumen. Sie wird oftmals eher als Problem und weniger als Ressource für die kognitive Entwicklung wahrgenommen. Darüber hinaus schreiben wir den verschiedenen Sprachen eine unterschiedliche Wertigkeit zu. Spricht ein Kind zwar noch nicht perfekt deutsch, dafür aber englisch, wird dies meist als Potenzial eingeschätzt. Spricht es aber nicht perfekt deutsch, aber eben türkisch, wird dies oft als Defizit betrachtet. Und noch ein Beispiel: Da ist das mathematisch hochbegabte Kind mit Lese-Rechtschreib-Schwierigkeiten. Worauf gucken wir? Eher auf die Schwierigkeiten. Richtig wäre, das hohe kognitive Potenzial zu nutzen, um die speziellen Probleme zu bewältigen.

Verstehen Sie Inklusion als Chance für Hochbegabte?

Christian Fischer: Partizipation ist auch eine Chance für Menschen mit besonderen Begabungen. Denn auch sie leiden genau wie Menschen mit Beeinträchtigungen oder jenen mit Migrationshintergrund unter Ausgrenzung. Abweichungen vom Mittelmaß, das zumeist als Maßstab dient, werden nicht selten abgestraft. Darum benötigen wir einen breiten Inklusionsbegriff, der alle Dimensionen von Diversität umfasst.

103

Abb. 15: „Ich hab`s. Das ist die Lösung"

IV Kern einer inklusiven Schule: die pädagogische Konzeption

Das Kapitel auf einen Blick

- Die acht „W-Fragen"
- Musterplan einer Gliederung
- Steuerung braucht Zeit
- Ressourcen für den Prozess
- Fortbildung und Hospitation: den Blick weiten
- Musterprogramm für einen pädagogischen Fachtag
- Die ideale Steuerungsgruppe
- Wohin mit den Widerständen?
- Methoden und Qualitätsbereiche

1. Einführung

Die pädagogische Konzeption ist ein Entwurf, der die Grundvorstellungen der schulischen und pädagogischen Arbeit in Erziehung und Unterricht darstellt. Diese gemeinsam erarbeiteten grundlegenden Werte und Ziele sind für alle verbindlich, müssen aber immer wieder der schulischen Realität angepasst und weiterentwickelt werden.

Die pädagogische Konzeption enthält die pädagogischen Leitideen der Schule und beschreibt, wie diese in den Bereichen Unterricht, Organisation, Personal, Werteerziehung und Schulleben umgesetzt werden sollen. Dabei geht es vor allem um die Qualität der schulischen, insbesondere der unterrichtlichen Prozesse im Rahmen der schulspezifischen Bedingungen.

▶ Das Konzept ermöglicht jedem, seine Rolle und seinen Platz in der Gesamtkonzeption zu finden.

▶ Das Konzept soll so formuliert sein, dass jeder das Gesamtziel verstehen und sich daran orientieren kann.

▶ Ein Konzept vermittelt Sicherheit für das Handeln der einzelnen Mitarbeiterinnen und Mitarbeiter und ist Grundlage für ein gemeinsames Verständnis der pädagogischen Arbeit und Zusammenarbeit.

▶ Das Konzept zeigt die Grundausrichtung des pädagogischen Handelns der Schule auf: In der Vergangenheit orientierten sich die pädagogischen Konzepte im Wesentlichen an der Schulform oder vielleicht noch am Lehrplan. Zukunftsfähige Konzepte orientieren sich an den Kindern, ihren Bedürfnissen und Bedarfen sowie Leistungsmöglichkeiten.

▶ Das Konzept klärt auch die strukturellen Grundfragen:

  ● Zeitstruktur

  ● Pädagogisches Raumkonzept

  ● Personelle Rahmenbedingungen

  ● Klassen- und Jahrgangsorganisation

  ● Lernen an schulischen und außerschulischen Lernorten

  ● Ganztagskonzept; Zusammenarbeit mit dem Hort

  ● etc.

Am Anfang der Entwicklung einer pädagogischen Konzeption steht die Reflexion der Ausgangslage und Analyse der Anforderungen und der vorhandenen Ressourcen. Hilfreich ist es, sich dabei an den folgenden acht „W-Fragen" zu orientieren. Sie werden auf den nächsten Seiten immer wieder in unterschiedlichen Zusammenhängen auf diese Fragen treffen, die sich auch zur Strukturierung von Teamsitzungen und Arbeitsgruppentreffen eignen.

Mit den acht „W-Fragen" inklusive Prozesse steuern und strukturieren:

1. **Was** ist zu tun?
2. **Wer** tut es?
3. Mit **welchen** Mitteln?
4. **W**ann wird es getan?
5. **Wo** wird es getan?
6. **Wie** wird es getan?
7. **Warum** wird es auf diese Weise getan?
8. Wer tut was mit **wem**?

Mit diesen Fragen analysieren und klären Sie alle Bereiche des pädagogischen und erzieherischen Handelns in der Schule und schaffen Klarheit und Transparenz; vor allem aber geben Sie Orientierung, die originäre Aufgabe von Schulleitung.

Wilfried Steinert zum Stichwort Transparenz

Klarheit und Transparenz sind eine hohe Form der gegenseitigen Wertschätzung. Eine souveräne Schulleitung sollte sich nicht davor scheuen, schulische Prozesse immer und immer wieder aufs Neue verständlich zu machen. Sie geben damit Orientierung und eine Richtung vor, für die Sie als Schulleitung mit Ihrer Steuerungskompetenz stets verantwortlich sind.

2. Vorbereitungen und Voraussetzungen

Die Erarbeitung einer pädagogischen Konzeption ist eine herausfordernde Aufgabe, die Zeit und Ressourcen erfordert und gut geplant sein will. Dazu gehört, dass Sie sich Zeit für Vorbereitung nehmen und sich die Voraussetzungen, unter denen Sie mit Ihren Kolleginnen und Kollegen starten, genau ansehen. Deshalb ist der erste Schritt und die wichtigste Grundlage, dass die Ziele und Aufgaben geklärt werden; am besten in der erweiterten Schulleitung oder mit einer Steuerungsgruppe.

2.1 Entwicklungsschwerpunkte und Musterplan

Entwicklungsschwerpunkte eines pädagogischen Konzeptes

- Soziales Lernen – Toleranz – Selbstständigkeit[31]

- Verständnis von Unterricht und Lernen – corporate teaching and learning (Lernkultur)

- Lerntechniken (Lernen lernen)

- Fachbereichsbezogene Kompetenz (Sprachkompetenz, Musik, MINT-Fächer)

- Bewegung/Ernährung/Gesundheit („bewegte Schule", gesunde Ernährung)

- Spezielle Unterrichtsformen (offener Unterricht, Differenzierung, kooperatives Lernen)

- Einsatz moderner Medien (z. B. Medienkabinett, Moodle)

- Lehrerkompetenz (z. B. Fortbildungskonzept für Lehrkräfte)

- Öffnung der Schule (Zusammenarbeit mit Kommunen, Vereinen)

- Betreuungsangebot (z. B. Hausaufgabenbetreuung)

---

31 Das dürfen keine Worthülsen sein. Durch individuelle Förderung und durch Förderung der sozialen Kompetenzen wachsen die Selbstachtung und damit die Bereitschaft zum Lernen. Der Spaß an der Schule und die Freude an der Neugier dürfen nicht verschüttet werden.

MUSTERPLAN EINER GLIEDERUNG für eine pädagogische Konzeption

1. Die pädagogische Kultur in unserer Schule

– Die Orientierung an den Bedürfnissen des Kindes / des Jugendlichen[32]

– Die pädagogischen Grundsätze unserer Schule

– Umgang mit Vielfalt und Heterogenität (Hochbegabte, Schülerinnen und Schüler aus anderen Kulturen, Schülerinnen und Schüler mit Behinderungen etc.)

– Rhythmisierung des Tages

– Balance zwischen Konzentration und Entspannung

– Verständnis von Lehren und Lernen

– Partizipation von Schülerinnen und Schülern sowie Eltern

– Rolle und Selbstverständnis der Pädagoginnen und Pädagogen sowie aller weiteren Mitarbeiter der Schule

– Verständnis von multiprofessioneller Arbeit

2. Kompetenz- und Leistungsförderung in unserer Schule

– Entwicklung und Förderung der personalen Kompetenzen (u. a. Selbstachtung, Lernbereitschaft, Kommunikation, Umgang mit Frustrationserfahrungen)

– Entwicklung und Förderung der sozialen Kompetenzen (u. a. Werthaltung, (Mit-)Verantwortung, Gemeinschaft, Demokratie)

– Entwicklung und Förderung der Lernkompetenz (u.a. Lernen wie man lernt, Methoden- und Handlungskompetenz, eigene Leistungseinschätzung)

– Entwicklung und Förderung der kognitiven Kompetenz (u.a. Aneignung von (Fach-)Wissen, Problemlösungskompetenz, Dokumentation, Weitergabe von Wissen)

– Entwicklung und Förderung der Medienkompetenz

3. Das Lernprofil der Schule

– Umgang mit den curricularen Anforderungen mit Blick auf ein schulinternes inklusives Curriculum[33]

– Verhältnis von Fächern zu Lernbereichen und fachübergreifendem Lernen

---

32 Fragen Sie: Welche Rahmenbedingungen müssen wir schaffen, damit genau diese Schülerin / genau dieser Schüler in unserer Schule seine Leistungs- und Entwicklungspotentiale ausschöpfen kann?

33 Siehe dazu Band II „Das inklusive schulinterne Curriculum".

– Querschnittslernen (ethisch-religiöse Erziehung, Verantwortungslernen, Nachhaltigkeit, (Fremd-) sprachliche Kompetenz)

– Profil der Schule in den einzelnen Fächern / Lernbereichen:
Hier können Aussagen gemacht werden zu den einzelnen Fächern / Fachbereichen wie z.B. Sprachen lernen, mathematisch-naturwissenschaftliche Bildung, Umweltbildung, Informationstechnologische Bildung, musisch-ästhetische Bildung, kulturelle Bildung, Bewegung und Sport, Gesundheit.

4. Methoden und Organisation der pädagogischen Arbeit

– Das Verhältnis von rezipierendem, selbstgesteuertem und selbstorganisiertem Lernen

– Selbstständiges, unterstütztes oder gemeinsames Lernen in Klasse, Lerngruppe oder Team

– Lernen im Jahrgang und / oder jahrgangsübergreifend

– Projektlernen, Lernlandschaften, Lernbüros etc.

– Tages- und Wochenstruktur (Rhythmisierung)

– Zusammenarbeit im Ganztag (in der Grundschule Einbeziehung des Hortes; in der Sekundarstufe I und II Darstellung, wie mit dem Nachmittagsunterricht umgegangen wird)

– Ernährung (Frühstückszeiten, Mittagessen) und Bewegung im Tagesablauf

– Ruhe- und Rückzugsmöglichkeiten; Auszeiten

– freiwillige Angebote, Neigungs- und Begabungsentdeckungsprojekte

5. Schulische und außerschulische Lernräume[34]

– Das Raumnutzungskonzept der Schule

– Schule als Lern- und Lebensraum : Klassenräume, Differenzierungsräume, Fach- und Therapieräume, Räume für Sport und Freizeit usw.

– Einbeziehung außerschulischer Lernräume (Natur, Museen, etc.)

6. Das Personalkonzept[35] der Schule

– Das Verständnis von Multiprofessionalität, Aufgaben der unterschiedlichen Mitarbeiterinnen und Mitarbeiter, Teamverständnis

– Qualifikationen, Spezialisierungen, besondere Beauftragungen

– Fort- und Weiterbildungskonzept, kollegiale Beratung

---

34 vgl. Fußnote 29.
35 Siehe dazu ausführlicher Band II „Personalentwicklung".

– Teamentwicklungsmaßnahmen, Supervision

– Einzelfallhelfer, Praktikanten, Referendare

– Technisches Personal und Verwaltung

– Schulleitung, Leitungsverständnis, Verantwortungsstruktur

7. Diagnostik, Dokumentation, Leistungsrückmeldung und -bewertung

– Verständnis von Diagnostik, Formen, Methoden

– Entwicklungs- und Lernpläne

– Formen der Dokumentation (Portfolios, Lerntagebücher, Pensenbücher etc.)

– Verständnis von Leistung und Leistungsrückmeldung

– Formen der Leistungsrückmeldung (von der Selbsteinschätzung zur Gruppenrückmeldung)

– Entwicklungsgespräche mit den Schülerinnen und Schülern

– Kind-Eltern-Lehrer-Gespräche zum Leistungs- und Entwicklungsstand

– Umgang mit Ziffernnoten und Kompetenzbeschreibungen

8. Die Zusammenarbeit mit den Eltern[36]

– Bedeutung der Zusammenarbeit mit den Eltern

– Formen der Zusammenarbeit mit den Eltern (Klassenelternabende, Elternsprechstunden, Entwicklungsgespräche mit den Eltern etc.)

– Partizipation: Wie Eltern die Schule mitgestalten können (Einbindung in Gremien etc.)

– Beschwerdemanagement

9. Kooperationen[37]

– Übergangsmanagement (Kita – Schule – Weiterführende Schule – Berufsausbildung – Studium)

– Zusammenarbeit mit Jugendamt, Sozialamt, Agentur für Arbeit

– Zusammenarbeit mit Therapeuten

– Kooperationen mit der freien Jugendarbeit, mit Sportvereinen

– Kooperationen mit Wirtschaft, Handwerk, Handel und Sozialeinrichtungen

---

36 Siehe dazu die Folgebände.
37 Siehe dazu ausführlich Band IV „Schule als lernende Institution".

> – Internationale Partnerschaften, Teilnahme an europäischen Projekten
>
> **10. Besondere Schwerpunkte der Schule**
>
> – Profilbildung der Schule
> – Mitarbeit der Schule in besonderen Projekten

2.2 Klärung der konkreten Aufgaben und Ziele

Orientieren Sie sich bei der Klärung der Aufgaben und Ziele an folgender Struktur:

- **Situationsanalyse** (vgl. SOFT-Analyse s. 3.2)
  Achten Sie darauf, dass wirklich alle schulischen Gruppen beteiligt werden, denn erst die Sicherstellung einer breiten Beteiligung führt zu tragfähigen Ergebnissen und zu einer soliden Ausgangslage.

- Klare **Zielformulierung**

  - z. B. „Weiterentwicklung der bestehenden pädagogischen Konzeption entsprechend den Herausforderungen inklusiver Bildung"

  - z. B. „Neuentwicklung einer pädagogischen Konzeption im Rahmen einer Entwicklung zur rhythmisierten Ganztagsschule"

  - z. B. „Bearbeitung einzelner Teile der pädagogischen Konzeption (z. B. Unterrichtsformen; pädagogisches Raumkonzept, Verständnis von Leistungsrückmeldung und -bewertung)"

- Klare **Erarbeitungsstruktur** und Klärung der **Entscheidungsprozesse**

  ? Wer ist für was verantwortlich? Wer darf mitarbeiten?

    - Steuerungsgruppe?

    - Arbeitsgruppen zu einzelnen Schwerpunkten?

    - An welchen Stellen findet eine Partizipation aller statt?

  ? Wie werden die Ergebnisse zusammengeführt?

  ? Wann und wie findet der Abschluss und das In-Kraft-setzen der neuen Konzeption statt?

- **Ressourcen für den Entwicklungsprozess**

  - ❓ Gibt es Ermäßigungs- bzw. Anrechnungsstunden für besondere Aufgaben im Entwicklungsprozess (z. B. für Vorarbeiten, Entwurfsfassungen zu besonderen Fragestellungen, Protokoll und Dokumentation)?

  - ❓ Wichtig, auch für gute Stimmung: Essens- und Getränkeversorgung im Rahmen der Arbeitsgruppen / pädagogischen Tage (Finanzmittel und Organisation)

  - ❓ Zeitliche Ressourcen: Werden die Veranstaltungen jeweils nach dem Unterricht durchgeführt oder können dafür auch Studientage genutzt werden?

  - ❓ Wie kann eine Eltern- und Schüler-Beteiligung sichergestellt werden?

  - ❓ Wie wird das sonstige Personal der Schule (Verwaltung, Reinigung, technisches Personal) einbezogen?

  - ❓ Wie weit können, sollten oder müssen Träger oder Kooperationspartner einbezogen werden?

- **Terminleiste**
  Um zeitliche Überforderungen oder Frust zu vermeiden, sind klare Terminabsprachen und Festlegungen mit „Puffern" erforderlich: Bis wann soll was erarbeitet sein? Wann soll der Prozess abgeschlossen sein?

- **Kommunikation sicherstellen**

  - ❓ Wer muss zu welchem Zeitpunkt des Entwicklungsprozesses informiert oder auch beteiligt sein?

  - ❓ Wer muss welche Informationen bekommen?

  - ❓ Wie wird der Kommunikationsfluss zwischen den einzelnen Arbeitsgruppen sichergestellt?

Es kann nicht oft genug wiederholt werden: Eine pädagogische Konzeption kann man nicht aus dem Ärmel schütteln. Sie braucht Zeit und Ressourcen zur Erarbeitung. Je klarer der Prozess organisiert ist, je befriedigender ist die Mitarbeit für die Kolleginnen und Kollegen. Nichts ist frustrierender, als wenn sie den Eindruck haben, dass es zwar schön ist, „mal darüber geredet zu haben", es aber keine Relevanz für die schulische Arbeit hat.

„Hindernisse überwinden ist der Vollgenuss des Daseins."

(Arthur Schopenhauer 1788-1860)

2.3 Verständlichkeit in Sprache und Struktur

Ein gutes pädagogisches Konzept ist nicht nur für die Lehrkräfte verständlich, sondern kann auch Schülerinnen und Schülern Orientierung über das Lernen und Leben in der Schule geben. Eltern können sich anhand des pädagogischen Konzeptes für eine Schule entscheiden – müssen es also auch verstehen können.

Die Bedeutung einer allgemeinverständlichen Sprache wird umso wichtiger, je stärker der Wunsch besteht, möglichst viele zu informieren. Dazu gehören Kürze und Prägnanz in den Aussagen.

> Die vorhergehenden beiden Sätze klingen in leichter Sprache[38] etwa so:
>
> Sie möchten vielen Menschen etwas sagen. Dann ist leichte Sprache wichtig. Schreiben Sie einfache Wörter und kurze Sätze.

Gerade im Prozess der Vereinfachung der Sprache bekommt die pädagogische Konzeption Klarheit und Bedeutung, während komplizierte Formulierungen leicht verschleiern oder Ausdruck dafür sein können, dass man sich auf keine klare Position einigen konnte.

Mit der Länge des Textes wächst auch die Bedeutung einer klaren Gliederung. Unübersichtlichkeit und Zusammenhanglosigkeit sind oft Zeichen dafür, dass es in der Schule eben noch keine klare gemeinsame Konzeption gibt, sondern versucht wurde, alles unter einen Hut zu bekommen, ohne dabei einen wirklichen Verständigungsprozess zu leisten.

2.4 Strukturelle und zeitliche Organisation

Nehmen Sie sich mindestens ein Schuljahr Zeit, um eine pädagogische Konzeption zu erarbeiten, eher mehr Zeit. So können Sie zum Beispiel im Februar die SOFT-Analyse durchführen, um Ende März, kurz vor den Osterferien, den ersten pädagogischen Fachtag durchzuführen und dann mit der Arbeit in den Arbeitsgruppen zu beginnen. Der zweite pädagogische Fachtag kann im Januar / Februar des folgenden Jahres stattfinden. So ist es möglich, ohne Zeitdruck die Arbeit bis zum Ende des Schuljahres abzuschließen, und die neue pädagogische Konzeption mit Beginn des neuen Schuljahres in Kraft zu setzen.

---

38 Hier gibt es aus dem Bundesministerium für Arbeit und Soziales einen Leitfaden für das Schreiben in leichter Sprache (2013): http://www.gemeinsam-einfach-machen.de/SharedDocs/Downloads/DE/StdS/UN_BRK/LS_EinRatgeber.pdf?__blob=publicationFile (Stand: August 2015).

Diese Grafik gibt Ihnen einen Überblick über den zeitlichen Prozess:

Bildung einer Steuerungsgruppe

- Die Steuerungsgruppe sollte auch bei einer großen Schule nicht mehr als fünf bis sieben Personen umfassen, aber möglichst einen Querschnitt der Arbeitsbereiche abbilden; möglichst auch einen Schüler- und Elternvertreter beteiligen.
- **START der Konzeptionsentwicklung**

SOFT- Analye

- Die SOFT-Analyse dient zur Klärung der Ausgangslage
- Darauf achten, dass alle schulischen Gruppen in die Befragung einbezogen werden
- **ZEITRAUM: vier Wochen**

Pädagogischer Fachtag

- Wahrnehmung der schulischen Ausgangslage (Auswertung der SOFT-Analyse)
- Bewusstmachen der vorhandenen schulischen Ressourcen
- Erarbeitung der Eckdaten für die pädagogische Konzeption
- **ZEITRAUM: Tagesveranstaltung**

Arbeitsgruppen zu einzelnen Aspekten der pädagogischen Konzeption

Arbeitsgruppen zu folgenden Themen:
- Schulorganisation – Zeit zum Lernen und Leben
- Inklusives Kerncurriculum und individuelle Lernpläne
- Multiprofessionelle Jahrgangsteams
- Schülerinnen und Schüler – „Vielfalt als Chance – Stärken stärken"
- Pädagogik und Räume
- **ZEITRAUM: Schulhalbjahr mit dre bis sechs Sitzungen der jeweiligen Arbeitsgruppe**

115

Bildung einer Redaktionsgruppe

- Bereits mit der Bildung der Arbeitsgruppen wird eine Redaktionsgruppe etabliert, in der jede Arbeitsgruppe vertreten sein sollte.
- Aufgabe: Alle Ergebnisse zu einem Entwurf zusammenzufassen und bereits die Zwischenergebnisse mit allen Arbeitsgruppen kommunizieren
- **ZEITRAUM: Den ganzen Prozess begleitend**
- Ermäßigungen, Gratifikationen für diese Gruppe sicherstellen.

Zusammenfassung der Ergebnisse als Entwurf einer pädagogischen Konzeption in der Redaktionsgruppe

- Nach Abschluss der Erarbeitung in den Arbeitsgruppen fertigt die Radaktionsgruppe einen vorläufigen Entwurf der pädagogischen Konzeption an.
- **ZEITRAUM: sechs Wochen**

Individuelle Stellungnahmen zum Entwurf der pädagogischen Konzeption, Kritik, Ergänzungen, Fragen

- Der Entwurf der pädagogischen Konzeption wird allen Beteiligten am Schulleben zur Verfügung gestellt.
- Alle haben die Möglichkeit, Kritik, Anregungen, Ergänzungen oder Fragen dazu einzureichen.
- **ZEITRAUM: sechs Wochen**

Pädagogischer Fachtag zum Abschluss des Erarbeitungsprozesses und Verabschiedung

- Etwa in der Mitte des zweiten Schulhalbjahres findet ein weiterer pädagogische Fachtag statt.
- Diskussion des Entwurfes der pädagogischen Konzeption einschließlich der Kritik, Anregungen, Ergänzungen und Fragen.
- Verabschiedung der Konzeption mit Anregungen und Veränderungsvorschlägen durch die Mitarbeiterinnen und Mitarbeiter, einschließlich Eltern- und Schüler-Vertreterinnen und -Vertreter.
- **ZEITRAUM: Tagesveranstaltung**

Endredaktion in der Redaktionsgruppe; (Verabschiedung / Beschlussfassung) in den zuständigen schulischen Gremien	• In Abstimmung mit der Schulleitung wird die Endfassung erstellt. • Verabschiedung in den zuständigen schulischen Gremien; darauf achten, dass die Gremienvertreter im Vorfeld genügend Zeit zum Lesen der Konzeption haben. • Im Beschluss sollte festgelegt werden, wie die Konzeption veröffentlicht wird und ab wann sie gilt; wann und wie sie evaluiert und ggf. überarbeitet werden soll. • **ZEITRAUM: ca. 8 Wochen nach der Verabschiedung auf dem pädagogischen Fachtag.**
Veröffentlichung	• Nach der Verabschiedung Veröffentlichung in einem ansprechenden Layout, als Broschüre, im Internet etc. • Erläuterung der Schwerpunkte in den Klassen und Elternversammlungen. • Weiterleiten der pädagogischen Konzeption an den Schulträger sowie die Kooperationspartner • **ZEITRAUM: zu Beginn des neuen Schuljahres**

2.5 Was die Entwicklung einer inklusiven pädagogischen Konzeption unterstützt

Neben dem Leitbild ist die pädagogische Konzeption das Aushängeschild einer guten Schule. Es ist also wichtig, sehr sorgfältig zu schauen, in welche Richtung man sich entwickeln will. In den vergangenen 30 Jahren, insbesondere nach dem sogenannten „PISA-Schock" Anfang 2000/2001, hat es enorm viele Bestrebungen gegeben, Schule und Unterricht zu reformieren. Ein breites Spektrum reformpädagogischer Bemühungen und Prozesse ist entstanden. Viele Schulen haben sich auf den Weg gemacht, Neues zu probieren, eigene Wege zu entwickeln, ihre Schule neu aufzustellen. Hier ist ein Potential entstanden, das den eigenen Schulentwicklungsprozess hin zu einer inklusiven Schule befruchten kann.

Im Entwicklungsprozess einer pädagogischen Konzeption tut es deshalb gut, die Entwicklungen anderer Schulen wahrzunehmen und daran zu partizipieren. Im Folgenden sind verschiedene Möglichkeiten aufgezeigt, wie man ohne großen Aufwand den eigenen Blick weiten[39] kann. Manches wird für Ihre Schule passend sein, anderes vielleicht (noch) nicht.

---

39 Manche Verbünde und Netzwerke habe sich explizit dieser gegenseitigen Partizipation verpflichtet, zum Beispiel: „Schulen im Aufbruch" (www.schule-im-aufbruch.de), „Blick über den Zaun" (www.blickueberdenzaun.de), „Archiv der Zukunft" (www.adz-netzwerk.de).

2.5.1 Fortbildungen

𝒫 Bauen Sie an Ihrer Schule Know-How auf, vor allem durch Teilnahme von Lehrerinnen und Lehrern an themenspezifischen Fortbildungen. Stellen Sie ein **Portfolio von Fortbildungen**[40] zusammen, die ihre Kolleginnen und Kollegen im Kontext der Entwicklung der pädagogischen Konzeption besuchen können.

𝒫 Achten Sie dabei auf eine inhaltliche und zeitliche Strukturierung, um den Schulalltag nicht zu sehr zu belasten; Zielperspektive könnte sein, dass jeder in diesem Schuljahr mindestens eine entsprechende Fortbildung besucht. Berichte über die Fortbildung können in die Lehrerkonferenz, besser noch in die thematisch passenden Arbeitsgruppen der Konzeptionsentwicklung einfließen.

𝒫 Denken Sie auch an kurzfristige **Inhouse-Fortbildungen** für Lehrerinnen und Lehrer, Eltern, Schülerinnen und Schüler zu jenen Themenbereichen, die in der ersten Phase der Arbeitsgruppen als interessant, aber noch strittig, identifiziert wurden.

𝒫 Überlegen Sie, ob **begleitende Vortrags- und Diskussionsveranstaltungen** hilfreich sind. Diese können zum Beispiel die pädagogische Entwicklung Ihrer Schule in einen kommunalen, deutschen und europäischen Kontext stellen und die pädagogischen Fachtage für die schulinterne Öffentlichkeit rahmen. Solche Vorträge und Diskussionen können Sie zusammen mit anderen Schulen oder auch mit dem Bildungsausschuss/Schulausschuss der Kommune organisieren.

2.5.2 Hospitationen

𝒫 **Kollegiale Hospitationen in der eigenen Schule** bei Kolleginnen oder Kollegen, die neue Unterrichtsformen oder Methoden einsetzen oder probieren, sind in manchen Schulen immer noch ein heikler Bereich, weil es vielen schwer fällt, die eigene Klassentür für Kollegen zu öffnen. Andererseits ist dieses von- und miteinander Lernen ein wichtiger Schritt zum Aufbau von Vertrauen und gegenseitiger Wertschätzung. Gemeinsames Lernen, bei dem auch Fehler und Unsicherheiten zugelassen sind, sind ein Vorbild für die Schülerinnen und Schüler zum Umgang mit Fehlern (fehlerfreundliche Kultur).

---

40 Fundgruben für Fortbildungsangebote sind (neben den Lehrerbildungseinrichtungen der einzelnen Länder) zum Beispiel die Deutsche Schulakademie in Berlin (eine Ausgründung der Robert-Bosch-Stiftung) und die Service Agenturen „Ganztägig lernen".

📎 **Hospitationen in anderen Schulen.**[41] Viele Schulen haben sich auf den Weg gemacht, neue Unterrichtsformen, inklusiven Unterricht, Team-Teaching und vieles andere im Schulalltag zu praktizieren und zu verankern. Nutzen Sie diesen Erfahrungsvorsprung und lassen Sie ihre Kolleginnen und Kollegen dort ihre Erfahrungen sammeln.

Wilfried Steinert zum Stichwort Hospitationen

Ideal ist es nach meiner Erfahrung, wenn drei bis fünf Kolleginnen und Kollegen gemeinsam für zwei Tage eine Schule besuchen, dort am Unterricht hospitieren und dies vor Ort reflektieren können. Zum einen fördert dies das Miteinander, zum anderen kann ein breites Erfahrungsspektrum aus der besuchten Schule schon in dieser kleinen Gruppe reflektiert und die wichtigsten Erfahrungen gemeinsam in die eigene Schule vermittelt werden.

Wenn dafür keine Fortbildungsmittel zur Verfügung stehen oder Fremdmittel eingeworben werden müssen, lässt es sich in der Regel doch so organisieren, dass die Fahrtkosten und eine Hotelübernachtung finanzierbar sind. Das ist höchst sinnvoll angelegtes Geld, denn sehr häufig ist eine solche selbstorganisierte Hospitation viel effektiver als manche Fortbildung.

2.5.3 Beratung und Coaching[42] / Moderation

📎 Die Inanspruchnahme externe Prozessbegleitung und Moderation ist sowohl bei der Entwicklung als auch bei der Umsetzung des inklusiven pädagogischen Konzeptes häufig hilfreich. Sie kann dazu beitragen, festgefahrene Strukturen aufzubrechen, neue Wege aufzuzeigen und Verständigungsprozesse zu ermöglichen. In einigen Bundesländern stehen inzwischen Fortbildungsmittel für das Coaching von Schulentwicklungsprozessen hin zu einer inklusiven Schule zur Verfügung.

---

41 Nicht nur die Preisträgerschulen des Deutschen Schulpreises, sondern die jeweils besten 50 Schulen jeden Jahres bieten Hospitationen an. Vielleicht ist eine passende Schule in Ihrer Nähe. Eine Liste finden Sie unter www.deutscher-schulpreis. de. Ebenso finden Sie eine Liste der Preisträger des Jakob Muth-Preises auf www.jakobmuthpreis.de (Stand August 2015).

42 Eine umfangreiche Arbeitshilfe zur Beratungsform Coaching in der Schule hat die Deutsche Kinder und Jugendstiftung im Rahmen von „Ganztägig lernen" erarbeitet und hier ins Netz gestellt: http://www.ganztaegig-lernen.de/media/web/ download/AH-07-WEB.pdf.

2.5.4 Wissensaufbau in der Schule – Fachkompetenz entwickeln

Die Informationsflut über aktuelle pädagogische Konzepte ist inzwischen unüberschaubar. Fachliteratur, Zeitschriften, Informationen im Internet stehen fast unbegrenzt zur Verfügung. Unmöglich können weder Schulleitungen noch einzelne Kollegen sich dieses Wissen umfassend erschließen[43]. Folgende Vorgehensweisen könnten dazu beitragen, die umfangreichen Publikationen und Dokumentationen im Internet zu nutzen, um die Fachkompetenz in der Schulentwicklung aufzubauen:

⌀ Jede Lehrerkonferenz beginnt mit einem kurzen inhaltlichen Input zu einem pädagogisch-didaktischen oder sonstigem schulischem Thema; Steuerungsgruppe oder Schulleitung stellen den Themenkatalog für ein Schuljahr zusammen.

⌀ In den Arbeitsgruppen zur Entwicklung der inklusiven pädagogischen Konzeption erarbeitet sich jede Kollegin und jeder Kollege einen Aspekt des Arbeitsbereiches. Zu Beginn einer jeden Sitzung wird ein Thema vorgestellt und diskutiert.

Tipp

„Inhaltsverzeichnis scannen"

Jede Schule hat eine mehr oder weniger große Anzahl von Zeitschriften zu schulischen, pädagogischen und didaktischen Themenfeldern. In der Regel verstauben sie in einer Ecke des Lehrerzimmers, bis sie in die Ablage wandern. Gute Erfahrungen habe ich damit gemacht, das Inhaltsverzeichnis der neuen Zeitschriften im Sekretariat einscannen und per eMail an alle Kolleginnen und Kollegen, teilweise auch an interessierte Eltern, verschicken zu lassen. Bei Interesse werden die entsprechenden Artikel kopiert und zur Verfügung gestellt. Außerdem können Kolleginnen und Kollegen gebeten werden, besonders interessante Artikel kurz in einer der nächsten Konferenzen vorzustellen.

Nun sind die Voraussetzungen geschaffen, den Erarbeitungsprozess für Ihre ganz eigene und besondere inklusive pädagogische Konzeption zu starten. Systematisiert und unterteilt in zehn Schritten wird Ihnen ein roter Faden an die Hand gegeben, der Sie dabei unterstützt, sich auf den Weg zur inklusiven Schule zu begeben.

---

43 An vielen Schulen gibt es kein einheitliches Verständnis über pädagogische Begriffe. Beispiel: Was genau ist Freiarbeit, angeleitete Freiarbeit oder unterstütze Freiarbeit? Für Lehrkräfte (insbesondere neu hinzukommenden) Eltern und Schüler ist es hilfreich, ein schulinternes Lexikon der Fachbegriffe aufzustellen.

3. Der Erarbeitungsprozess: die zehn wichtigsten Schritte auf dem Weg zur pädagogischen Konzeption

3.1 1. Schritt

Bildung einer Steuerungsgruppe

- Die Steuerungsgruppe sollte auch bei einer großen Schule nicht mehr als fünf bis sieben Personen umfassen, aber möglichst einen Querschnitt der Arbeitsbereiche abbilden; möglichst auch einen Schuler- und Elternvertreter beteiligen.
- **START der Konzeptionsentwicklung**

Viele Schulen haben bereits eine Steuerungsgruppe oder zumindest eine erweiterte Schulleitung, in der alle relevanten Fragen der Schulorganisation und Schulentwicklung beraten werden. Falls dies in Ihrer Schule noch nicht der Fall ist, nutzen Sie diese Gelegenheit, eine entsprechende Gruppe zu installieren. In den Überlegungen, wen Sie in die Steuerungsgruppe berufen, sollten Sie folgende Aspekte berücksichtigen:

▶ Die Mitglieder der Steuerungsgruppe sollten das Vertrauen des Kollegiums besitzen

▶ Die unterschiedlichen Arbeitsbereiche, Schulstufen, Professionen sollten vertreten sein

▶ Nach Möglichkeit sollte auch eine Vertretung des Personals aus Verwaltung, Technik und Reinigung einen Platz in der Steuerungsgruppe haben

▶ Ein Elternsprecher sollte dabei sein

▶ Schülervertreter können entsprechend des Alters oder bei besonderen Fragestellungen hinzugezogen werden

▶ Langfristig zahlt es sich aus, wenn ein Steuerungsmitglied gezielt die kritischen Stimmen aus dem Kollegium und/oder Elternschaft repräsentiert

Wilfried Steinert zum Stichwort „kritische Stimme"

Kritiker und Bedenkenträger sind nicht immer leicht zu ertragen. In den Beratungen kann es manchmal sehr mühsam sein und den Prozess scheinbar bremsen, wenn immer wieder kritische Fragen gestellt werden. Nach meiner Erfahrung ist es allerdings tatsächlich sehr viel sinnvoller, deren Fragen und Einwände – wenn sie konstruktiv sind und angemessen eingebracht werden – in der Planung ernst zu nehmen und zu klären. Tauchen diese Fragen erst in der Umsetzung auf, wird der begonnene Prozess sehr belastet. Übrigens: Kritiker müssen nicht unbedingt überzeugt werden. Es ist schon hilfreich, wenn sie sich einverstanden zeigen, einen Prozess als Beobachter mitzutragen.

Die idealtypische Steuerungsgruppe

1. Schulleiterin / Schulleiter

2. Stellvertretende Schulleiterin/stellvertretender Schulleiter

3. Lehrerin / Lehrer

4. Sonderpädagogin / Sonderpädagoge

5. Vertreterin / Vertreter des Ganztages (Hort)

6. Vertreterin technisches Personal / Verwaltung / Reinigung (nach Möglichkeit)

7. Elternvertreterin / Elternvertreter (nach Möglichkeit)

8. Schülerin / Schüler (nach Möglichkeit oder Anlass)

3.1.1 Aufgaben der Steuerungsgruppe

Diese Gruppe steuert den Erarbeitungsprozess. An erster Stelle ist das Ziel im Hinblick auf die pädagogische Konzeption zu klären. **Ziel-Klarheit** ist die wichtigste Grundlage für einen sinnvollen Arbeitsprozess.

Weitere Aufgaben der Steuerungsgruppe:

● Situationsanalyse – (s. 3.2 SOFT-Analyse)

● Klären der Erarbeitungsstruktur und der Entscheidungsprozesse

● Sicherstellen der Ressourcen für den Entwicklungsprozess

● Festlegen der Terminleiste und Überprüfen der Arbeitsfortschritte

● Für eine gute Kommunikation sorgen

Die Steuerungsgruppe trifft sich monatlich, mindestens alle sechs Wochen. Falls ein Mitglied der Steuerungsgruppe die regelmäßige Protokollführung übernimmt, ist dafür eine entsprechende Gratifikation bzw. Ermäßigung in der Unterrichtsverpflichtung vorzusehen.

„Die Welt besteht aus denen, die etwas in Gang setzen,
denen, die zuschauen, wie etwas geschieht
und denen, die fragen, was geschehen ist.
Wo dürfen wir Sie einordnen?"

(US-Top-Manager Normen A. Augustine)

3.2 2. Schritt

SOFT- Analye

- Die SOFT-Analyse dient zur Klärung der Ausgangslage
- Darauf achten, dass alle schulischen Gruppen in die Befragung einbezogen werden
- **ZEITRAUM: vier Wochen**

Sich bewusst zu machen, was in der eigenen Schule los ist, welche Haltungen, Erfahrungen und Erwartungen bei Mitarbeiterinnen und Mitarbeitern, Eltern, Schülerinnen und Schülern vorkommen, ist auch ohne die Erarbeitung einer pädagogischen Konzeption eine lohnende Untersuchung. Nur der eigene Standort kann Ausgangslage für Veränderungen sein.

Wenn die Mitglieder der Steuerungsgruppe zu stark in andere Verantwortlichkeiten und Aufgaben eingespannt sind, kann zur Durchführung auch eine eigene Arbeitsgruppe eingesetzt werden; gegebenenfalls kann diese Erhebung der Ausgangsposition auch extern vergeben werden. Wichtig ist, dass die Ergebnisse in der Schule transparent dargestellt werden. Je weniger Sie sich scheuen, auch kritische Rückmeldungen offen zu präsentieren, je größer ist die Chance auf einen ebenfalls offenen Veränderungsprozess.

Zur Untersuchung der Ausgangslage eignet sich die **SOFT-Analyse.**[44] Sie ist ein Verfahren, um sich einen ersten Eindruck davon zu verschaffen, wie zufrieden die Mitarbeiterinnen und Mitarbeiter, Eltern und Schülerinnen und Schüler mit der pädagogischen Arbeit in der Schule sind und wo sie Entwicklungsbedarf sehen.

---

44 Das Landesinstitut für Schule (Bremen) hat ihre Methodenbox zur Selbstevaluationen mittels SOFT ins Netz gestellt: http://www.lis.bremen.de/sixcms/media.php/13/SOFT-Analyse.4789.pdf.

Durchgeführt wird die SOFT-Analyse sinnvollerweise zunächst in den einzelnen Gruppen der Schule:

📎 In der Lehrerkonferenz, möglichst durch einen externen Berater

📎 Im Rahmen einer Mitarbeiterversammlung aller weiterer Mitarbeiter (u. a. auch technisches Personal, Reinigungskräfte, Sekretariat)

📎 Auf Elternabenden (moderiert durch Lehrkraft oder externen Berater)

📎 In den in einzelnen Klassen

SOFT ist ein Akronym der folgenden Begriffe:

S atisfactions = Zufriedenheit bzw. befriedigende Ergebnisse
O pportunities = Möglichkeiten, Chancen, Herausforderungen
F aults = Fehler, Probleme, Missstände, Unzulänglichkeiten
T hreats = Bedrohungen, potenzielle Gefahren

In der nachfolgenden Tabelle sind die Fragen den beiden Bereichen „Gegenwärtiges Erleben, Erfahren der Schule – positiv und negativ" und „Erwartungen an die Schule bzw. Befürchtungen" zugeordnet. Aus den Fragen können Sie einen Fragebogen entwickeln, der auf die Situation ihrer Schule ausgerichtet ist. Dabei können die Fragen auch weiter differenziert werden. Beachten Sie dabei aber: Je mehr Sie die Fragen ausdifferenzieren, je komplexer und diffiziler – unter Umständen auch teurer – wird die Auswertung.

Die Fragen können offen beantwortet werden. Es gibt bewusst keine Antworten zur Auswahl. Nur so besteht die Chance, auch unterschwellige, bisher nicht offen erkannte Erfahrungen oder Probleme genannt zu bekommen. Die Antworten können dann auf einer großen Wandzeitung diesen vier Bereichen zugeordnet werden:

1. Gegenwärtige positive Erfahrungen

2. Gegenwärtige negative Eindrücke und Erfahrungen

3. Erwartungen an die zukünftige Entwicklung

4. Befürchtungen im Blick auf die weitere Entwicklung der Schule

	Positiv	Negativ
Ist-Zustand / So erlebe ich die Schule gegenwärtig	**(Satisfaction / Zufriedenheit)** Was läuft in unserer Schule zufriedenstellend? Mit welchen Ergebnissen der Schule bin ich zufrieden? Warum bin ich zufrieden (Gründe, Kriterien, Maßstäbe)?	**(Faults / Fehler)** Was läuft schief in der Schule? Welche Schwachstellen sehe ich in der schulischen Arbeit? Was führt häufig zu Enttäuschungen, Spannungen, Konflikten? Wo sehe ich die Ursachen dafür?
Anzustrebende Ziele	**(Opportunities / Chancen)** Welche Chancen nutzt die Schule noch nicht? Welche Entwicklungsziele sehe ich für die schulische Arbeit? Wo sehe ich gute Ansätze, die weitergeführt werden sollten? In welche Richtung soll sich die Schule entwickeln?	**(Threats / Gefahren)** Welche Probleme / Schwierigkeiten kommen auf die Schule zu? Welche Entwicklungen bedrohen die Schule? Was passiert, wenn nichts passiert?

3.3 3. Schritt:

Pädagogischer Fachtag

- Wahrnehmung der schulischen Ausgangslage (Auswertung der SOFT-Analyse)
- Bewusstmachen der vorhandenen schulischen Ressourcen
- Erarbeitung der Eckdaten für die pädagogische Konzeption
- **ZEITRAUM: Tagesveranstaltung**

Mit der Analyse der gegenwärtigen Situation in der Schule und den Erwartungen sowie Befürchtungen im Blick auf die weitere Zukunft haben Sie eine ideale Grundlage geschaffen, um im Rahmen eines pädagogischen Fachtages die Eckdaten für eine pädagogische Konzeption zu erarbeiten.

Ziel des pädagogischen Fachtages ist der Start zur Bearbeitung und Entwicklung einer pädagogischen Konzeption. Dazu ist der Bezug zum schuleigenen Leitbild ebenso wichtig wie die Eröffnung unterschiedlicher Zukunftsperspektiven sowie eine breite Diskussion der schulischen Handlungsfelder.

Musterprogramm für einen pädagogischen Fachtag

8:30 Uhr	Ankommen (ggf. Kaffee / Frühstück)
9:10 Uhr	Begrüßung, Vorstellung, Tagesinformationen
9:15 Uhr	Unser Leitbild „Wir sind eine Schule für alle" Dazu gemeinsame Gestaltung einer Mindmap

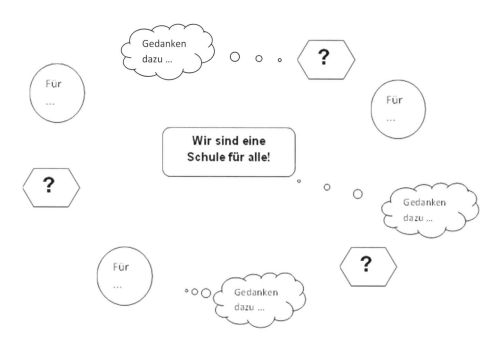

10:00 – 12:00 Uhr   Input: **„Pädagogik der Inklusion – Zeit zum Lernen und Leben im rhythmisierten Ganztag"**
mittendrin: Kaffeepause – Kommunikationszeit

12:00 – 12:30 Uhr   **Ressourcen-Analyse** „Diese Ressourcen haben wir"
Arbeit in (neuen) Kleingruppen; Ressourcen werden auf Karteikarten gesammelt und den folgenden vier Rubriken / Kategorien zugeordnet:

    ✔ Nutzen wir regelmäßig
    ✔ Gelegentlich
    ✔ Viel zu selten
    ✔ Das fehlt uns noch

12:30 – 13:15 Uhr   Mittagspause

13:15 Uhr   **Workshop – Szenische Darstellung** (S. 132, zur Methode)
„Unsere Vision einer inklusiven Ganztagsschule in fünf Jahren"

14:00 Uhr   Thematische Arbeitsgruppen (zum Einstieg, Abklären der wichtigsten Fragen und zur weiteren Beauftragung)

AG 1   Schulorganisation – Zeit zum Lernen und Leben
Rhythmisierter Ganztag, Verzahnung von Vor- und Nachmittag, Kommunikation untereinander

AG 2   Inklusives Kerncurriculum und individuelle Lernpläne
Unterricht in heterogenen Lerngruppen, Inklusion und individuelle Förderung, gemeinsames Lernen auf unterschiedlichen Niveaustufen am gleichen Gegenstand, forschendes Lernen in fächerübergreifenden Lernfeldern

AG 3   Multiprofessionelle Jahrgangsteams
Arbeiten in multiprofessionellen Teams (die Rolle der Sonderpädagogen, der Schulsozialarbeiter, der Erzieher, der Schulbegleiter, des weiteren pädagogischen Personals); Präsenzzeit und Arbeitsplätze, Zeit für Teamberatung und Kommunikation

AG 4   Schülerinnen und Schüler – „Vielfalt als Chance – Stärken stärken"
Individuelle Lern- und Entwicklungspläne, Leistungsrückmeldung und -bestätigung

AG 5   Pädagogik und Räume
Schule und Schulgelände als Lern- und Lebensraum, Kommunikation nach außen (Eltern, Öffentlichkeit, Schule als Stadtteil-Zentrum), Zusammenarbeit mit Kitas und anderen Schulen

---

Tipp

Zeit sparen

Setzen Sie für jede AG einen Zeitwächter sowie einen Moderator ein, der ein konkretes Arbeitsziel vorgibt und die Diskussion gut steuern kann. Klären Sie bereits in der Vorbereitung des Fachtages, *welcher* Kollege in *welcher* AG die Zusammenfassung für das Plenum übernehmen kann. Das erspart viel Zeit, die allzu häufig für die Suche nach einer mehr oder weniger freiwilligen Person „draufgeht".

15:30 Uhr   Kaffeepause – Kommunikationszeit

16:00 – 17:00 Uhr **Zirkeldiskussion**

17:00 Uhr   Moderatoren und Schriftführer stellen die **Kernergebnisse** des Arbeitsprozesses im Plenum vor

17:20 Uhr   Zusammenfassung und Erläuterung der nächsten Arbeitsschritte
                   Feedback

17:30 Uhr   Ende

Tipp

Input in den Fachtag: „Pädagogik der Inklusion – Zeit zum Lernen und Leben im rhythmisierten Ganztag"

Für einen schulinternen Entwicklungsprozess ist es immer hilfreich, den eigenen Blick durch Erfahrungen von außen ergänzen zu können. Im Kontext der Preisträgerschulen des Deutschen Schulpreises sowie des Jakob Muth Preises[45] für inklusive Schulen finden Sie entsprechende Kolleginnen oder Kollegen, die einen solchen Input gestalten können. Sie können aber auch einen umgekehrten Weg gehen: Ermutigen Sie im Vorfeld dieses pädagogischen Fachtages Kolleginnen und Kollegen, in kleinen Gruppen in anderen Schulen zu hospitieren und ihre Erfahrungen und Erkenntnisse in den Fachtag einzubringen. Beliebt sind zum Beispiel so genannte „Zwischenrufe". Dabei greift ein Praktiker einen Aspekt eines Themas auf und gibt einen fachlich-persönlichen Impuls.

3.3.1 Der Blick auf das Leitbild

Einer pädagogischen Konzeption, die ohne den ständigen Bezug zum Leitbild der Schule erarbeitet wird, wird es schwer gelingen, zur Grundlage für das gemeinsame pädagogische und erzieherische Handeln in der Schule zu werden. Es geht um eine gemeinsame Lern- und Lebenskultur – nicht nur um eine Verständigung auf Begriffe.

Zur Methode:

Im Mittelpunkt einer Pinnwand oder Wandzeitung ist die Beschriftung mit dem Leitbild der Schule vorgegeben, zum Beispiel: „Wir sind eine Schule für alle". Um dieses „für alle" bewusst zu machen, stehen genügend Moderationskarten (Kreise oder Ovale) mit dem Aufdruck oder der Beschriftung „Für …" zur Verfügung. Moderationskarten mit „?" sowie „Gedankenwolken" geben den Teilnehmerinnen und Teilnehmern Gelegenheit, ihre Fragen oder Gedanken zum Leitbild oder einzelnen Aspekten des Leitbildes zu artikulieren. Die Erarbeitung der Aussagen erfolgt am sinnvollsten in Kleingruppen, maximal drei bis fünf Teilnehmer. Die Beiträge werden auf den entsprechenden Moderationskarten notiert, angeheftet und möglichst gleich anderen ähnlichen Aussagen zugeordnet (siehe Skizze im Programm des Fachtages). Damit haben Sie eine umfassende Darstellung der Vorstellungen, die sich in Ihrer Schule mit dem Leitbild verbinden. Dieses Ergebnis wird dann noch einmal kurz im Plenum reflektiert und diskutiert.

---

45 Über viele Schulen, insbesondere die Preisträgerschulen des Deutschen Schulpreises und des Jakob Muth Preises, gibt es inzwischen gute Kurzportraits auf den jeweiligen Websites oder auf YouTube.

3.3.2 Ressourcen-Analyse

Neben der beschriebenen Analyse der gegenwärtigen Situation in der Schule ist es wichtig, dass sich das Kollegium und alle Beteiligten darüber klar werden, was sie können, welche fachlichen, sächlichen, personellen und räumlichen Ressourcen sie haben. Vieles gelingt in der Schule gut. Viele Kompetenzen entfalten sich hervorragend. Damit diese Erfahrungen nicht zwischen möglichem Frust oder vorhandenen Unzulänglichkeiten verloren gehen, ist es wichtig, dies sichtbar zu machen.

Zur Methode:
In Kleingruppen von drei bis fünf Personen wird darüber gesprochen, was in der Schule gut gelingt, was auf jeden Fall erhalten oder auch weiter ausgebaut werden sollte, für welche Ressourcen man dankbar ist (personell – sächlich – zeitlich – finanziell – methodisch – pädagogisch – didaktisch). Da in diesen Gesprächen mit Sicherheit auch deutlich wird, was noch fehlt, können auch diese Punkte notiert und entsprechend zugeordnet werden.

Die Ergebnisse werden auf Moderationskarten notiert und entsprechend den Kategorien auf einer Pinnwand angeheftet:

✔ Nutzen wir regelmäßig

✔ Nutzen wir gelegentlich

✔ Nutzen wir viel zu selten

✔ Das fehlt uns noch

Erstes Fazit: Auf dem Weg zur inklusiven pädagogischen Konzeption haben Sie jetzt bereits viel erreicht. Das Leitbild ist wieder im Bewusstsein. Ein wenig Erstaunen und vielleicht auch Stolz wächst über all das, was die Schule schon leistet. Erste Erkenntnisse, was noch fehlt, drängen sich in den Vordergrund. Am Beispiel anderer Schulen können Sie Bilder und Vorstellungen entwickeln, was alles möglich ist. – Fehlt nur noch die Vorstellung von Ihrer Schule als zukunftsfähiger „Übermorgenschule".

> *„Eine Landkarte, auf der Utopia nicht verzeichnet ist, ist für mich keines Blickes wert."*
>
> *(Oscar Wilde)*

Workshop – Szenische Darstellung: „Unsere Vision einer inklusiven Ganztagsschule in fünf Jahren"

Nach den sehr intensiven kognitiven Arbeitsformen tut es im Sinne von Rhythmisierung gut, nun eine andere Arbeitsform zu wählen. Ziel dieser Phase ist es, einmal frei und ohne Zwänge kreativ darzustellen bzw. zu spielen, wie sich die Gruppe ihre Schule in fünf Jahren vorstellt. Alles was denkbar ist, ist erlaubt. Es gibt keine Grenzen der Fantasie. Gespielt werden können Szenen aus dem zukünftigen Unterricht oder dem Schulleben, Szenen einer Lehrer- oder Elternkonferenz, der Besuch eines Schulrates oder Ministers, eine Preisverleihung für die Schule, eine Fernsehtalkshow über die Schule.

Zur Methode:
Teilen Sie dazu die Teilnehmerinnen und Teilnehmer des Fachtages in Gruppen von sieben bis neun Teilnehmern auf. Jede Gruppe überlegt sich, wie sie sich die Schule in fünf Jahren idealerweise vorstellt und mit welcher Szene sie dies exemplarisch darstellen wollen.

Wichtiger Grundsatz: Die Gedanken sind frei.

Parallel zur Entwicklung einer Szene wird auf Moderationskarten notiert, was alles dazu erforderlich ist, damit die Vision Wirklichkeit werden kann, insbesondere unter folgenden Gesichtspunkten (die auf die Themen der folgenden Arbeitsgruppen bezogen sind):

▶ Schulorganisation (Zeit zum Lernen und Leben)

▶ Inklusives Kerncurriculum und individuelle Lernpläne

▶ Multiprofessionelle Jahrgangsteams

▶ Schülerinnen und Schüler („Vielfalt als Chance – Stärken stärken")

▶ Pädagogik und Räume

Nehmen Sie noch eine weitere Kategorie dazu:

▶ Was an anderer Stelle (Gesetzesänderungen, Ministerium, Schulaufsicht, Kommune etc.) geändert werden muss, damit die Vision Wirklichkeit wird

Diese Klärung, was an anderer Stelle geändert werden muss, hilft zu erkennen, was in der Schule selbst an Entwicklungsprozessen geleistet werden kann. Und dann kann man auch prüfen – in vielen Fällen wahrscheinlich erfolgreich – ob nicht einzelne Gesetze oder Verwaltungsvorschriften **Öffnungsklauseln** enthalten, die bereits neue oder andere Entwicklungen ermöglichen.

Nach der Erarbeitungsphase präsentieren die einzelnen Gruppen ihre Szenen. Die Erfahrung hat gezeigt, dass es sinnvoll ist, dass alle Gruppen zunächst ihre Szenen spielen. Erst danach, wenn alle gespielt haben, sollte die Zuordnung der Moderationskarten zu den einzelnen Kategorien erfolgt.

3.3.3 Thematische Arbeitsgruppen

Die thematischen Arbeitsgruppen erarbeiten auf der Grundlage der Soft-Analyse, des Leitbildes, der vorhandenen Ressourcen und der durch die szenischen Darstellungen erarbeiteten Änderungserfordernisse ihre Vorstellungen, wie es in der Schule weitergehen soll, was sich konzeptionell in diesem Bereich ändern soll oder auch muss.

Zur Methode:
Die Gruppen werden im Wesentlichen nach den Interessen der Teilnehmerinnen und Teilnehmer gebildet. Allerdings können nicht mehr als etwa ein Fünftel der Teilnehmer am pädagogischen Fachtag in einer Arbeitsgruppe mitarbeiten. Dazu bereiten Sie Arbeitsbögen (möglichst in unterschiedlichen Farben) für jede Gruppe vor; je nach Größe des Teilnehmerkreises ein oder zwei Bögen mehr pro Gruppe. Jeder kann sich einen Arbeitsbogen nehmen. Wenn keiner mehr vorhanden ist, ist die Gruppe voll und man muss eine andere Gruppe wählen – oder jemanden finden, der mit einem tauscht.

Im Vorfeld sollte geklärt sein, wer (zum Beispiel aus der Steuerungsgruppe) welche Arbeitsgruppe moderiert und wer die Ergebnisse dokumentiert. In einigen Schulen hat es sich bewährt, dass die Ergebnisse der Arbeitsgruppe gleich im Laptop protokolliert oder in Form einer Mindmap[46] dokumentiert werden. Mindestens sollten die Ergebnisse auf einem Flipchart notiert werden, um in der nächsten Phase diskutierbar zu sein.

Auf jeden Fall werden die Arbeitsbögen im Anschluss an die Arbeit in der Gruppe eingesammelt um für den weiteren Prozess zur Verfügung zu stehen.

Beispiel für einen Arbeitsbogen:

46 Freeware Mindmap-Programme gibt es im Internet, z.B. von freeplane.

AG 1 Schulorganisation – Zeit zum Lernen und Leben

Rhythmisierter Ganztag, Verzahnung von Vor- und Nachmittag, Kommunikation untereinander

Bitte beachten Sie folgende Aspekte für die Diskussion:

- Welche Ressourcen haben wir bereits, die wir für inklusive Bildung nutzen können (siehe Ressourcen-Analyse)?
- Welche konzeptionelle Zielsetzung wollen wir anstreben?
- Was wollen und müssen wir verändern?
- Wie können die nächsten Schritte aussehen?
- Was können wir klären? Was muss an anderer Stelle geregelt werden?

Zum Abschluss der Arbeitsgruppe gewichten Sie bitte die Arbeitsergebnisse unter folgenden fünf Aspekten, um sie in der folgenden Zirkeldiskussion vorzustellen und zu reflektieren:

1. Die drei wichtigsten Erkenntnisse:

1.1 ....

1.2 ...

1.3 ...

2. Umsetzen: Damit können/wollen wir sofort beginnen:

3. Zu diesem Punkt wollen wir in unserer Schule einen Entwicklungsprozess anstoßen:

4. Die nächsten Fortbildungen sollten folgende Schwerpunkte haben:

5. Diese Unterstützung für Schulentwicklung und Fortbildung erwarten wir von der Kommune, vom Land, von ...

Zirkeldiskussion

Das Format der Zirkeldiskussion ist dafür geeignet, dass *alle* Tagungsteilnehmer *alle* Arbeitsergebnisse wahrnehmen, ergänzen und kommentieren können. Damit wird eine hohe Transparenz und gemeinsame Identifikation mit den Ergebnissen erreicht.

- Zur Methode:
  Nach der Arbeitsphase in den Gruppen werden alle Teilnehmerinnen und Teilnehmer des Fachtages noch einmal in fünf Gruppen eingeteilt. Wichtig ist hier, dass eine völlig neue Mischung stattfindet, so dass möglichst aus allen Arbeitsgruppen Teilnehmer in der neuen Gruppe vertreten sind.

- Moderatoren und Protokollführer[47] der Arbeitsgruppen bleiben in ihrem Raum. Ihre Aufgabe ist es, in knapper Form die wichtigsten Erkenntnisse der Arbeitsgruppe zu vermitteln, Rückfragen zu beantworten und neue Gedanken aufzunehmen oder kritische Anmerkungen zu notieren.

- Die neuen Gruppen wandern im Uhrzeigersinn von einer Arbeitsgruppen-Station zur nächsten. Jeweils zehn Minuten stehen den Moderatoren und Protokollführern zur Verfügung, um die wichtigsten Ergebnisse zu kommunizieren, Anregungen und Kritik festzuhalten. Da in jeder der wandernden Gruppen auch Teilnehmer aus der jeweiligen Arbeitsgruppen-Station vertreten sind, können diese die Präsentation der Moderatoren ergänzen.

- Nach zehn Minuten ertönt ein Gong oder anderes Signal. Die Gruppe wandert jetzt zur nächsten Arbeitsgruppen-Station weiter.

Dies ist eine sehr dichte, konzentrierte Form der Partizipation. Sie ermöglicht es, dass für alle transparent wird, woran gearbeitet wurde und weiter gearbeitet werden soll. Gegebenenfalls kann man noch eine letzte Runde anschließen, in der jeder Teilnehmer drei grüne Punkte verteilen kann, um damit die Themenfelder zu markieren, die aus seiner Sicht am dringendsten bearbeitet werden sollten.

Nach der Zirkeldiskussion stellen die Moderatoren und Protokollführer im Plenum (am sinnvollsten per Flipchart oder Beamer) die wichtigsten herausgearbeiteten Arbeitspakete oder Erkenntnisse aus der Zirkeldiskussion vor. Damit wird transparent, was sich von der Gruppenarbeit über die Zirkeldiskussion verändert hat.

Die Zusammenfassung und Erläuterung der nächsten Arbeitsschritte ist nun die Aufgabe der Schulleitung bzw. der Steuerungsgruppe. Hier ist entsprechend der Termin- oder Meilenstein-

---

47 Es ist sinnvoll, dass die Schriftführer später auch zum Redaktionsteam gehören.

planung transparent aufzuzeigen, wie mit den vorliegenden Ergebnissen aus der Fachtagung in Hinsicht auf die Entwicklung der pädagogischen Konzeption weiter umgegangen wird.

Sinnvoll ist es, an diesem Tag bereits die Arbeitsgruppen zur weiteren Erarbeitung der Konzeption zu formieren und die entsprechenden Termine festzulegen. Auch die Redaktionsgruppe sollte an diesem Tag gebildet werden. Beachten Sie dabei, im Vorfeld die entsprechenden Gespräche zu führen und zu klären, welche Gratifikation oder Ermäßigungen diese Kolleginnen und Kollegen, die die redaktionelle Arbeit leisten, bekommen können.

3.4 4. und 5. Schritt

Arbeitsgruppen zu einzelnen Aspekten der pädagogischen Konzeption

Arbeitsgruppen zu folgenden Themen:
- Schulorganisation – Zeit zum Lernen und Leben
- Inklusives Kerncurriculum und individuelle Lernpläne
- Multiprofessionelle Jahrgangsteams
- Schülerinnen und Schüler – „Vielfalt als Chance – Stärken stärken"
- Pädagogik und Räume
- **ZEITRAUM: Schulhalbjahr mit drei bis sechs Sitzungen der jeweiligen Arbeitsgruppe**

Bildung einer Redaktionsgruppe

- Bereits mit der Bildung der Arbeitsgruppen wird eine Redaktionsgruppe etabliert, in der jede Arbeitsgruppe vertreten sein sollte
- Aufgabe: Alle Ergebnisse zu einem Entwurf zusammenzufassen und bereits die Zwischenergebnisse mit allen Arbeitsgruppen kommunizieren
- **ZEITRAUM: den ganzen Prozess begleitend**
- Ermäßigungen, Gratifikationen für diese Gruppe sicherstellen.

Diese beiden Schritte sind nicht weiter zu erläutern. Sie sprechen für sich selbst.

Exkurs

Das Problem der Widerstände

Widerstände sind ganz alltägliche Phänomene und normale Begleiterscheinungen in Entwicklungsprozessen. Insbesondere wenn man schnell eine Konzeption entwickeln will, also unter Zeitdruck steht, erscheinen kritische Rückfragen, Beharrungsvermögen und Widerstände außerordentlich lästig. Es nervt. Man möchte die Fragen abwürgen, übersehen, missachten.

Jede Veränderung löst Ängste und Unsicherheiten aus. Das ist normal. Starre Einstellungen, die die eingefahrenen Wege und Denk- und Handlungssysteme nicht mehr in Frage stellen, sträuben sich gegen jede Veränderung. Angst, dem Neuen nicht mehr gewachsen zu sein, verschließt die Augen vor den Chancen.

Aber auch emotionale Faktoren wie Antipathie, Selbstherrlichkeit, Launenhaftigkeit oder ständiges Kritisieren können den Entwicklungsprozess blockieren.

Ebenso können falsche Moderationstechniken, unzureichend organisierte Diskussionsprozesse oder eine unzureichende oder eingeschränkte Kommunikationskultur die Entwicklung einer sinnvollen, zukunftsweisenden, alle mitnehmenden pädagogischen Konzeption verhindern.

Deshalb gilt im Prozess einer Konzeptionsentwicklung ein wichtiger Grundsatz, der hier noch einmal wiederholt werden soll: Störungen haben Vorrang! Nehmen Sie kritische Mitarbeiterinnen und Mitarbeiter mit in die Steuerungsgruppen. Gehen Sie nicht zum nächsten Schritt weiter, bevor nicht alle kritischen Fragen geklärt sind. Die Zeit, die man sich an dieser Stelle nimmt, spart man später bei der Umsetzung ein.

Sie können auch prüfen, ob der Widerstand aufgrund einer der folgenden Punkte entstanden ist:

- Die Ziele und Motive für die Entwicklung der pädagogischen Konzeption sind nicht klar geworden.

- Die Kolleginnen und Kollegen halten die gemachten oder vorgesehenen Aussagen für eine Illusion, die völlig an der Realität vorbeigeht.

- Die Mitarbeiterinnen und Mitarbeiter sehen darin nur Aktionismus ohne positive Konsequenzen.

📎 Man hat den Eindruck, dass mit der Konzeptionserarbeitung nur aktuelle Herausforderungen verniedlicht oder überspielt werden.

Widerstände zeigen: Irgendetwas stimmt nicht.

Wie kann man diese Widerstände ernstnehmen, damit umgehen und ihnen begegnen?

1. Klarheit in der Zielsetzung, dem Zeitraum der Erarbeitung und dem Inkrafttreten der neuen Konzeption.

2. Es wird deutlich, dass die Schulleitung hinter diesem Prozess steht.

3. Beteiligung ist nicht nur ein Alibi, sondern wird ausdrücklich erwünscht. Kritische Stimmen werden ernstgenommen.

4. Es wird nicht etwas völlig Neues begonnen, sondern dieser Prozess steht im Einklang mit der bisherigen Schulentwicklung.

5. Unsicherheiten und Ängste werden als berechtigt angenommen. Die Autonomie der einzelnen Mitarbeiter wird nicht bedroht – auch wenn diese sich vielleicht in einem neuen Kontext bewähren muss, z. b. beim Team-Teaching.

6. Fortbildungen und Qualifikationsmöglichkeiten werden angeboten, wenn sich Kolleginnen und Kollegen noch nicht kompetent fühlen, die neuen Aufgaben mitzutragen.

7. Zurückhaltung und Widerstände können geringer werden, wenn die zu lösenden Grundprobleme gemeinsam identifiziert sind und man sich auf deren Lösung verständigt hat.

8. Der Widerstand kann geringer werden, wenn man neue Strukturen, z. B. ein neues Arbeitszeitmodell, erst einmal zur Probe einführt, es dann auswertet und danach neu entscheidet.

9. Ein Zeitplan ohne Druck kann viele Ängste nehmen, Vertrauen und Sicherheit wachsen lassen.

10. Machen Sie als Schulleitung allen Beteiligten klar, dass hier neue Schritte versucht werden und dabei Fehler gemacht werden können und dürfen. Nebenbei bemerkt: Die Fehlerfreundlichkeit eines Kollegiums kann durchaus vorbildlich für das Lernen der Schülerinnen und Schüler werden.

Abb. 16: Schritt für Schritt zur Inklusion

Zwischenruf
Sehr wichtig: „große Sturheit von leitenden Personen"

Ein Gespräch mit Prof. Dr. Mats Ekholm, Professor für Pädagogik mit Schwerpunkt Schulentwicklung an der Karlstad Universität in Schweden.

Schweden gilt als Vorbild der Inklusion. Die deutsche UNESCO-Kommission lobt, in Ihrem Land seien Förderschulen so gut wie abgeschafft. Trotzdem gibt es Sonderklassen – ein Beweis, dass es Grenzen der Inklusion gibt?

Mats Ekholm: Die Inklusion ist grundsätzlich Standard. Während des ersten Schuljahres haben noch ungefähr 0,8 Prozent eines Jahrgangs von Schülern solche Probleme, dem Unterricht zu folgen, dass sie ein höheres Maß an individueller Unterstützung erhalten. Diese Schüler sind dann in unsere Särskola eingeschrieben. Etwas mehr als die Hälfte der 0,8 Prozent besuchen gewöhnliche Grundschulklassen. Die übrigen lernen in Särskole-Klassen, mit speziellen Lehrern und in einer Umgebung, die an den vielen Handicaps dieser Kinder angepasst ist. Ich brauche das Schwedische Wort Särskola, um die deutsche Leser nicht zu verführen, in Deutsch zu denken.

Das heißt?

Mats Ekholm: In Schweden ist ein *särling* ein Mensch, der nicht wie andere Menschen ist, etwas speziell, vielleicht konzentrierter, kreativer, oder vielleicht mit größerem Problem, etwas zu verstehen. Särskola bedeutet, dass die Schüler, die dorthin gehen, so unterschiedlich sind, dass sie an einem anderen Platz besonders begleitet werden sollen.

Wer begleitet sie so „besonders"?

Mats Ekholm: Es gibt bei uns in Schweden Specialpedagog (Sonderpädagogen), Skolpsykolog (Schulpsychologen), Läkare (Schulärzte), Skolsköterska (Schulkrankenschwester), Socialkurator (Sozialberater). Sie arbeiten zusammen mit den Schulleitern im sogenannten Elevvård. In diesem Gremium kommen diese Spezialisten zusammen, um über jedes Kind und seine Bedürfnisse zu diskutieren und Lösungen zu finden, die wirklich eine Hilfe für jedes Kind sind.

Sind schwedische Schulen auf Inklusion angelegt, sprich entsprechend ausgestattet?

Mats Ekholm: Ja, schwedische Schulen sind räumlich, sächlich und personell auf Inklusion angelegt. Die Schulen passen sich an, wenn neue junge Menschen kommen. So können sie auf Anforderungen der jungen Menschen reagieren.

Ist Schweden generell eine inklusive Gesellschaft?

Mats Ekholm: Ja. Die Inklusion geht als ein Prinzip durch unsere Gesellschaft. Das gilt überall: in der Berufstätigkeit, für Immigranten, für Männer, Frauen, für „Multihandicaped" etc. Alle werden respektiert und als normale, gleichberechtigte Menschen gesehen.

Was unterscheidet Schweden von Deutschland beim Thema Inklusion?

Mats Ekholm: Als Schwede fällt mir auf, dass in Deutschland eine andere Haltung gegenüber Menschen mit verschiedenen Schwächen existiert als in Schweden. In beiden Staaten strengt man sich an, diese Menschen zu unterstützen. In Schweden unterstützen wir sie inmitten von allen anderen Menschen, in Deutschland werden diese Menschen an externen Plätzen und in eigenen Gruppen sowie Schulen unterstützt.

Welche Gründe sehen Sie für die unterschiedliche Haltung der beiden Gesellschaften?

Mats Ekholm: Vielleicht hat die unterschiedliche Haltung unserer beiden Staaten ihren Ursprung in unserer unterschiedlichen Geschichte. Deutschland ist seit langem eine mehr ausgeprägte Klassengesellschaft als Schweden. Die Idee von „Übermenschen" hat ihre Grundlage in Deutschland, nicht in Schweden. Liest man Astrid Lindgren (in Madicken und Bullerbyn), kann man gute Illustrationen finden, wie die Mentalität in Schweden schon war, als meine Großeltern Kinder waren (1880-1890).

Ist Inklusion Thema und Bestandteil der Lehrerausbildung in Schweden?

Mats Ekholm: Ja. Jeder Lehrer lernt in seinem Studium, wie unterschiedlich Schülerinnen und Schüler, also Menschen, sind. So werden sie auf ihre Arbeit mit den Kindern und Jugendlichen, ihren unterschiedlichen Voraussetzungen, Neigungen, Stärken und Schwächen vorbereitet.

Ist die Angst vor dem „Anderen", dem „Fremden" nicht auch eine normale menschliche Reaktion?

Mats Ekholm: Nein. Manchmal ist das eine Reaktion von Menschen, die den Wert von Unterschiedlichkeit nicht kennen und keinen Umgang mit „Anderen" haben. Deshalb ist es gut, wenn sich alle unterschiedlichen Menschen schon früh als Kinder in der Schule treffen.

Was denkt man in Schweden, wenn man von den Schritten deutscher Schulen hin zu mehr Inklusion liest und hört?

Mats Ekholm: Dass die Deutschen ein langsames Tempo gehen, wenn sie nur ab und zu und ganz vorsichtig einen Schritt zur Inklusion wagen.

Wie überwindet man in der Schule und damit auch in der Gesellschaft Widerstände und Bedenken gegen Inklusion?

Mats Ekholm: Durch gute Führung und große Sturheit von leitenden Personen. Sehr wichtig ist auch, praktische Lösungen zu schaffen, die als Illustrationen dienen können; die zeigen, dass ein Zusammensein von Menschen mit verschiedenen Qualitäten möglich ist.

Abb. 17: Kinder saugen Wissen auf

3.5 6. Schritt

Zusammenfassung der Ergebnisse als Entwurf einer pädagogischen Konzeption in der Redaktionsgruppe

- Nach Abschluss der Erarbeitung in den Arbeitsgruppen fertigt die Radaktionsgruppe einen vorläufigen Entwurf der pädagogischen Konzeption an.
- **ZEITRAUM: sechs Wochen**

Schon während der Arbeit in den unterschiedlichen Gruppen ist es sinnvoll, die einzelnen Ergebnisse redaktionell zusammenzufassen und auf Überschneidungen und Unstimmigkeiten zu überprüfen. Die Mustergliederung (S. 110) der pädagogischen Konzeption kann dabei helfen, die Texte zu systematisieren und Lücken zu entdecken.

3.6 7. Schritt

Individuelle Stellungnahmen zum Entwurf der pädagogischen Konzeption, Kritik, Ergänzungen, Fragen

- Der Entwurf der pädagogischen Konzeption wird allen Beteiligten am Schulleben zur Verfügung gestellt.
- Alle haben die Möglichkeit, Kritik, Anregungen, Ergänzungen oder Fragen dazu einzureichen.
- **ZEITRAUM: sechs Wochen**

Der Entwurf der pädagogischen Konzeption (mit Seitenzahlen und Zeilennummern) wird zunächst mit Schulleitung und Steuerungsgruppe abgestimmt. Dann wird er, soweit möglich, in digitaler Form allen am Schulleben Beteiligten zur Verfügung gestellt. Achten Sie aber auch auf genügend Papierausdrucke, um auch denen die Möglichkeit zur Rückmeldung zu geben, die nicht auf die elektronischen Medien zurückgreifen können oder wollen.

Die Formen der Rückmeldung müssen klar erläutert werden. Verzichten Sie darauf, die Funktion *„Änderungen nachverfolgen"* dazu zu nutzen und stellen Sie den elektronischen Text am besten als PDF-Datei zur Verfügung. Dann können die Anmerkungen mit Vermerk der Seite und der Zeile (mündlich oder per Mail) zurück gemeldet werden und die unstrittigen Änderungsvorschläge von der Redaktionsgruppe direkt eingearbeitet werden. Alle anderen Vorschläge werden gesammelt und für die Endbearbeitung im Rahmen des zweiten pädagogischen Fachtages zur Verfügung gestellt. Diese Änderungsvorschläge können auch an einer Pinnwand in der Schule ausgehängt werden.

3.7 8. Schritt

Pädagogischer Fachtag zum Abschluss des Erarbeitungsprozesses und Verabschiedung	• Etwa in der Mitte des zweiten Schulhalbjahres findet ein weiterer pädagogische Fachtag statt. • Diskussion des Entwurfes der pädagogischen Konzeption einschließlich der Kritik, Anregungen, Ergänzungen und Fragen. • Verabschiedung der Konzeption mit Anregungen und Veränderungsvorschlägen durch die Mitarbeiterinnen und Mitarbeiter, einschließlich Eltern- und Schüler-Vertreterinnen und -Vertreter. • **ZEITRAUM: Tagesveranstaltung**

Vorbereitung: Alle bekommen rechtzeitig vor dem Fachtag die überarbeitete Version des Entwurfs der pädagogischen Konzeption. Die weiteren, noch nicht eingearbeiteten Änderungsvorschläge stehen für jede Arbeitsgruppe zweimal kopiert zur Verfügung.

Ebenso sollten für jede Arbeitsgruppe ein Laptop und Beamer zur Verfügung stehen, damit der in der Gruppe zu bearbeitende Text projiziert werden kann. So sind alle Änderungen für alle sofort sichtbar und können leichter diskutiert werden.

Programmvorschlag für den Fachtag

9:00 Uhr **Eröffnung im Plenum**
Die Redaktionsgruppe stellt den vorläufigen Entwurf der pädagogischen Konzeption vor und erläutert die strittigsten Punkte.
Die Schulleitung würdigt den Entwurf und setzt sich mit den aus ihrer Sicht wichtigsten Punkten kritisch auseinander.

10:30 Uhr **Die Arbeitsgruppen bearbeiten die ihnen zugewiesenen Abschnitte der pädagogischen Konzeption**
Die Aufteilung der Abschnitte kann anhand der Gliederung erfolgen; unstrittige Absätze müssen dabei nicht berücksichtigt werden.
Aussagen, über die in der Arbeitsgruppe keine Einigung erzielt werden kann, werden als Alternativen im Text dargestellt und am Nachmittag im Plenum vorgestellt, diskutiert und entschieden.

14:00 Uhr	**Plenum**
	Die Arbeitsgruppen stellen mit Beamer die in den Gruppen verabschiedeten Texte vor. Die Absätze werden nacheinander verabschiedet. Sehr strittige Punkte können zurückgestellt werden (sichtbar auf einer Pinnwand notieren), um im Anschluss an die Gesamtberatung Lösungen zu suchen.
16:00 Uhr	**Konsensverfahren, um die strittigen Punkte zu klären**
	Man könnte es sich einfach machen und die strittigen Fragen der Konzeption per Mehrheit beschließen. Mit Blick auf die Bedeutung dieser Konzeption für die künftige Arbeit ist das jedoch kein sinnvoller Weg.

Methode: Konsensverfahren[48]

Ziel: das herkömmliche Mehrheiten-Minderheitenprinzip in Abstimmungen überwinden

Erster Schritt:	Ein Punkt gilt als angenommen, wenn mindestens 4/5 dafür stimmen und es keine Gegenstimme gibt (nur Enthaltungen)
Zweiter Schritt:	Konnte keine Mehrheit erreicht werden, werden noch einmal die Begründungen für die eine oder andere Position ausgetauscht; Fragen werden ernst genommen und beantwortet. Danach erneute Abstimmung.
Dritter Schritt:	Gibt es wieder keine 4/5 Mehrheit, wird gemeinsam nach neuen Formulierungen gesucht. Diese werden erneut zur Abstimmung gestellt. Immer noch gilt eine Mehrheit von 4/5, aber: Jetzt können Gegenstimmen (bis zu 1/5 Gegenstimmen) die Entscheidung nicht mehr verhindern.
Vierter Schritt:	Gibt es erneut keine Entscheidung, sollte die Aussage aus der pädagogischen Konzeption herausgenommen werden oder als noch nicht abschließend entschiedene Aussage markiert werden.

| 17:00 Uhr | **Verabschiedung der Konzeption und Beauftragung der Schulleitung**, diese in den zuständigen schulischen Gremien endgültig beschließen zu lassen.
Den Dank an alle Akteure des Prozesses nicht vergessen. |

---

48 Nach: Inklusion vor Ort, Der Kommunale Index für Inklusion – ein Praxishandbuch, Montag Stiftung Jugend und Gesellschaft, Seite 17.

3.8 9. Schritt

Endredaktion in der Redaktionsgruppe; (Verabschiedung / Beschlussfassung) in den zuständigen schulischen Gremien	• In Abstimmung mit der Schulleitung wird die Endfassung erstellt. • Verabschiedung in den zuständigen schulischen Gremien; darauf achten, dass die Gremienvertreter im Vorfeld genügend Zeit zum Lesen der Konzeption haben. • Im Beschluss sollte festgelegt werden, wie die Konzeption veröffentlicht wird und ab wann sie gilt; wann und wie sie evaluiert und ggf. überarbeitet werden soll. • **ZEITRAUM: ca. 8 Wochen nach der Verabschiedung auf dem pädagogischen Fachtag.**

Nach dem Fachtag findet die Endredaktion der pädagogischen Konzeption statt. Dabei geht es nicht mehr um inhaltliche Änderungen, sondern um Lesbarkeit, Grammatik, Orthographie, Herausnehmen von Wiederholungen und letztlich auch um ein vorläufiges Layout.

Die zuständigen schulischen Gremien beschließen die pädagogische Konzeption und setzen sie damit in Kraft. Gleichzeitig mit diesem Beschluss sollte festgelegt werden, wann und wie die pädagogische Konzeption zu evaluieren, also zu überprüfen und zu überarbeiten ist.

3.9 10. Schritt – Abschluss

Veröffentlichung	• Nach der Verabschiedung Veröffentlichung in einem ansprechenden Layout, als Broschüre, im Internet etc. • Erläuterung der Schwerpunkte in den Klassen und Elternversammlungen. • Weiterleiten der pädagogischen Konzeption an den Schulträger sowie die Kooperationspartner • **ZEITRAUM: zu Beginn des neuen Schuljahres**

Der Erarbeitungsprozess einer pädagogischen Konzeption ist ein Lernen auf hohem Niveau. Die Konzeption bietet nun Orientierung und Sicherheit im alltäglichen pädagogischen, didaktischen und erzieherischen Handeln Ihrer Schule. Sie ist die Grundlage für die gemeinsame Lehr-, Lern- und Lebenskultur („corporate culture") in der Schule.

Dem sollte auch die Form der Veröffentlichung entsprechen. Die Präsentation auf der Homepage Ihrer Schule ist selbstverständlich. Dort sollte sie auch mit den entsprechenden Lesehilfen und Lesezeichen versehen sein. Wenn es Ihnen dabei auch gelingt, mindestens die pädagogische Konzeption im Internet „barrierefrei"[49] zu präsentieren, ist das ein deutliches Zeichen dafür, wie ernst Sie es mit Inklusion nehmen.

Neben der Veröffentlichung im Internet sollten Sie die pädagogische Konzeption auch in Form einer Broschüre veröffentlichen, so dass sie immer „greifbar" ist. Neue Kolleginnen und Kollegen können sich so orientieren, Referendare wissen um die Zielsetzungen der Schule, interessierte Eltern können sich informieren – und eine schöne Broschüre ist außerdem ein prima „Tool" für Ihre Öffentlichkeitsarbeit.[50]

Evaluation[51]

Letztlich gehört zum pädagogischen Konzept auch die Kontrolle der Umsetzung, denn auch das beste Konzept kann die Realität nicht vorwegnehmen. Deshalb ist es dringend erforderlich, eine pädagogische Konzeption regelmäßig zu überprüfen und anhand von vereinbarten Kriterien zu evaluieren.

Ein Evaluationskonzept sollte erst im Anschluss an die pädagogische Konzeption erarbeitet werden. Dabei kann es sehr hilfreich sein, sich Beratung und Unterstützung von außen zu holen, da von externen Personen eher die „blinden Flecken" erkannt werden können.

---

49 Hier gibt es ein Poster mit relevanten Aspekten zur Barrierefreiheit im Netz zum Download: http://www.einfach-barriere-refrei.net/downloads/poster_barrierefreiheit.pdf (Stand August 2015).
50 Der Druck einer Broschüre ist durch die verschiedenen Online-Druckereien sehr günstig geworden. Fragen Sie, wer mit einer Druckerei bereits gute Erfahrungen gemacht hat oder stöbern Sie selbst.
51 Ausführlich Band IV.

Abb. 18: Und schon wartet die nächste Aufgabe

Anhang

Begleitung auf dem Weg zur inklusiven Schule – eine Skizze

INA DÖTTINGER

Inklusion – das ist kein Thema, das eine Schule nebenbei stemmen kann. Es ist auch kein Thema, das eine Schule alleine und in Isolation bearbeiten oder gar abarbeiten kann, im Gegenteil: Inklusion braucht Teamarbeit, breite Unterstützung – und gelegentlich einen kritischen Blick von außen.

Zwar können sich Schulen auf den Weg machen, weil einzelne Kollegen, ein einzelnes Kind, das an die Schule kommt, oder auch Gruppen von Kollegen oder von Kindern einen Anstoß geben – tragen wird Inklusion nur, wenn das Thema zur Basis von Schulentwicklung wird und in konsequenter Fortführung von individueller Förderung[52] die Bildung aller Kinder und Jugendlichen im Mittelpunkt steht.[53]

Das gilt gleichermaßen, wenn der Anlass, sich auf den Weg zur inklusiven Schule zu machen, aus einem inneren Leidensdruck der Schule kommt, durch gesetzliche Regulierungen (wie die UN-Behindertenrechtskonvention) quasi erzwungen wird, oder seinen Ursprung in der Konkurrenz zwischen Schulen, z.B. aufgrund von demographischen Entwicklungen, hat. Ist Inklusion die Folge eines bestimmten Punktes in der Schulentwicklung, so ist das Thema mit großer Wahrscheinlichkeit schon breiter in der Schulentwicklung verankert.

Welchen Anlass es auch geben mag – Schulen werden sich häufig leichter auf dem Weg machen, wenn sie ihren Weg nicht ganz alleine finden müssen, sondern dabei begleitet werden. Diese Begleitung kann durch unterschiedlichste Partner stattfinden: die Schulaufsicht ebenso wie Wissenschaftler oder Schulentwicklungsbegleiter und externe Experten, die über Erfahrung mit Inklusion und individueller Förderung in der Schulentwicklung verfügen; und die am besten schon viele Schulen gesehen haben.

Was sollte so ein Begleiter leisten? Die Rollen sind vielfältig und hängen auch stark von den Bedürfnissen der Schule ab. Ein Begleiter kann Impuls- und Ideengeber oder Motor sein, Motivator oder Coach, Dialogpartner oder Unterstützer bei der Teambildung. In jedem Fall sollte er ein „critical friend" sein, der seine Außenperspektive einbringt, hilft, die Dinge von anderer

---

52 Die Basis für diesen Artikel bieten die Erkenntnisse einer Arbeitskreissitzung zum Thema Individuelle Förderung mit Vertretern von verschiedenen Bundesländern und der Bertelsmann Stiftung im Oktober 2010, die Angela Müncher (Bertelsmann Stiftung) und ich gemeinsam geleitet haben.
53 Vgl. Werning/ Arndt i.D. – Was kann man von Jakob Muth-Preisträgerschulen lernen?

Warte zu sehen und beisteht, wenn es Probleme zu lösen gibt. Gelegentlich kann es schon helfen, wenn er auf Probleme oder Fragen aufmerksam macht, die den Mitgliedern der Schulgemeinschaft selbst vor „Betriebsblindheit" nicht mehr auffallen.

Dafür ist es wichtig, dass Begleiter sich viel Zeit nehmen, das System, das sie begleiten und beraten sollen, zu verstehen: Sie müssen Schlüsselpersonen identifizieren (die Willigen ebenso wie die Unwilligen), die offenen Strukturen wie Schulleitungen, Fachteams, Steuergruppe etc. identifizieren – und ein Gefühl dafür bekommen, welche verdeckten Strukturen es gibt, die ggf. den Schulentwicklungsprozess beeinflussen können: die Raucher oder Kaffeemaschinenclique ebenso wie Gruppierungen, die sich z.B. aus der Geschichte der Schule („Alte" vs. „Junge", Männer vs. Frauen, o.ä.) ergeben.

Wie kann schließlich so eine Begleitung aussehen? Das hängt nicht unwesentlich von der Frage ab, um was für eine Begleitung es sich handelt und wie sich der Begleiter selber versteht. Zwei grundsätzlich unterschiedliche Typen sind die Prozessbegleitung und die wissenschaftliche Begleitung.

Die wissenschaftliche Begleitung liefert i.d.R. Projektideen, stellt eine Datenbasis bereit und gibt Umsetzungshilfen. In Bezug auf vorher genau definierte Fragen entwickelt sie Instrumente für Diagnostik und hilft bei der Maßnahmenumsetzung; evaluiert die Umsetzung der Maßnahmen, dokumentiert die Begleitprozesse und sichert die Standards und gibt ggf. Anregungen zur Weiterarbeit. Hier stehen entsprechend Dokumentation und Evaluation im Vordergrund.

Eine Prozessbegleitung hat als wichtigste Aufgabe, das Ziel der Begleitung, Umfang, Rollenverteilung und Grundsätze zu klären. Sie will und soll Schulen in Bewegung bringen und dafür sorgen, dass sie in Bewegung bleiben. Sie trägt dafür Sorge, dass die Strukturen einer lernenden Organisation etabliert und nachhaltig aufrechterhalten werden können. Ggf. kann sie selber systemische Fortbildungen durchführen und konkrete Hilfen und Materialien anbieten oder bei Aufbau und Erhalt von Netzwerken unterstützen. Auch hier ist die Dokumentation der Schul- und Unterrichtsentwicklung wichtig; entscheidender ist aber ein stärker „hands-on-orientierter" Begleitungsprozess.

Für welche Art der Begleitung sich eine Schule entscheidet, hängt von ihren Bedürfnissen, dem Angebot und dem Stand im Entwicklungsprozess ab. In jedem Fall wird eine Schule immer davon profitieren, wenn sie in ihrer Schulentwicklung die Möglichkeit nutzt, sich immer wieder einen Spiegel vorhalten zu lassen, den Blick über den Zaun zu wagen und auch Altbekanntes immer wieder mit anderen Augen anzuschauen und anschauen zu lassen.

Dr. Ina Döttinger ist Projektmanagerin bei der Bertelsmann Stiftung. Von 2006 bis 2009 war sie verantwortlich für das Forum Demographischer Wandel des Bundespräsidenten mit den Schwerpunktthemen Familie, Bildung und Heterogenität. Seit Ende 2009 arbeitet sie im Projekt „Heterogenität und Bildung" und konzentriert sich insbesondere auf die Bereiche individuelle Förderung und Inklusion.

Methoden kompakt

Methode „Ressourcen-Analyse"

Im Rahmen der Weiterentwicklung einer Schule ist es sinnvoll, sich auf die vorhandenen Ressourcen zu besinnen und diese sichtbar zu machen. Dazu eignet sich die folgende Methode hervorragend:

Die Teilnehmerinnen und Teilnehmer teilen sich in Kleingruppen von 3 – 5 Personen auf.

Aufgabe: Verständigen Sie sich miteinander unter folgenden Kategorien über die vorhandenen Ressourcen:

- Das gelingt uns gut
- Diese räumlichen Ressourcen stehen uns zur Verfügung
- Diese materiellen Ressourcen haben wir
- Diese personellen Ressourcen haben wir
- Sonstige Ressourcen (Netzwerke, Fortbildungsmanagement etc.) stehen uns zur Verfügung

Jede Ressource wird auf eine Moderationskarte geschrieben.

Anschließend werden diese Ressourcen von allen Kleingruppen auf einer Pinnwand unter den oben genannten Kategorien angepinnt und zugeordnet. Gleiche Ressourcen werden übereinander geheftet. Sollten auch fehlende Ressourcen benannt worden sein, werden diese quer an den Rand gepinnt.

Zusätzliche Übung zur Bedeutung von (fehlenden) Ressourcen:

Oft wird in Kontext von Schulentwicklung über fehlende Ressourcen geklagt. Folgende Übung kann diese emotionale Blockierung relativieren:

Ein Seil (z.B. Wäscheleine) von ca. 150 cm (bei 30 Teilnehmern) wird den Teilnehmerinnen und Teilnehmern mit der Aufforderung gegeben: „Dies ist unsere vorhandene Ressource. Alle sollen daran partizipieren und gleichzeitig direkten Kontakt zu diesem Seil herstellen." Das wird bei dieser Länge und 30 Personen problemlos gelingen.

Anschließend wird das Seil in der Länge halbiert. Dazu wird es doppelt gelegt und mehrfach verknotet. Nun heißt es: „Durch besondere äußere Umstände ist es zur Verknappung der Ressourcen gekommen. Versucht bitte trotzdem, alle an dieser Ressource teilzuhaben, direkten Kontakt zu haben!" Auch das wird noch gelingen. Wenn die Gruppe enger zusammenrückt, kann jeder noch mit einigen Fingern das Seil berühren.

Dann kann man das Seil noch einmal etwas verkürzen. Weitere Knoten werden eingefügt (Krankheit von Kollegen, Ausfall von Räumen etc). Erneut folgt die Aufforderung, dass alle Kontakt zum Seil herstellen sollen. Es ist erstaunlich, wie weit man dieses „Spiel" fortsetzen kann, bis es nicht mehr möglich ist, dass alle an der Ressource „Seil" partizipieren können.

Eine besondere Beobachtung:
An einer schulinternen Fortbildung nahm ein Kollege mit einem eingegipsten Bein teil. Er blieb bei dieser Übung auf seinem Stuhl sitzen. Die Frage: „Haben alle Kolleginnen und Kollegen Kontakt zur Ressource („Seil") teil? Sind alle integriert?" wurde einstimmig bejaht – obwohl der Kollege auf dem Stuhl nicht integriert war. Die Frage musste dreimal wiederholt werden, bis man endlich wahrnahm, dass man den Kollegen ausgeschlossen hatte

Methode „Zirkeldiskussion"

Im Rahmen der Schulentwicklung, aber auch im Rahmen anderer Entwicklungsprozesse, müssen viele Themenfelder parallel bearbeitet werden. Oft fasst man die Arbeitsergebnisse der einzelnen Arbeitsgruppen oder Workshops im Plenum zusammen. Das ist oft ermüdend, da die eigentlichen Diskussionsprozesse in dieser Form kaum angemessen dargestellt werden können. Auch lassen sich in der großen Gruppe einzelne Aspekte nur schwer diskutieren.

Folgendes Verfahren kann den Klärungsprozess (das sind wichtigsten gemeinsamen Schritte und Aufgaben, die angepackt werden müssen) erleichtern:

Drei bis fünf Arbeitsgruppen arbeiten an und zu unterschiedlichen Fragestellungen des Entwicklungsprozesses. Jede Gruppe hat eine Moderatorin/einen Moderator sowie eine Schriftführerin / einen Schriftführer, der bzw. die die Arbeitsergebnisse stichwortartig protokolliert; am besten auf einer Tisch- oder Wandzeitung. Am Ende der Gruppenarbeit sollten die aus Sicht der Gruppe drei wichtigsten nächsten Schritte benannt sein, sowie die ggf. erforderlichen flankierenden Maßnahmen.

Nach der Erarbeitungsphase werden die Tagungsteilnehmer neu gemischt und in die gleiche Anzahl von Gruppen aufgeteilt (drei bis fünf) – mit Ausnahme der Moderatoren/Schriftführer.

Jede neue Gruppe begibt sich zu einer Wand-/Tischzeitung, worauf die Arbeitsergebnisse der vorhergehenden Arbeitsphase notiert wurden. Die Moderatoren erläutern die drei wichtigsten nächsten Schritte, die ihre Gruppe erarbeitet hat. Diese Ergebnisse werden mit der neuen Gruppe diskutiert; Änderungen, Präzisierungen, Ergänzungen werden notiert. Nach zwanzig Minuten wandern alle Gruppen zur nächsten Wand-/Tischzeitung. Dort wird das fortgeschriebene Ergebnis erläutert, diskutiert und weiter ergänzt.

Wiederum nach zwanzig Minuten wandern alle Gruppen eine Station weiter. Der gleiche Prozess beginnt. Diese Prozedur wird so oft wiederholt, bis sich alle Gruppen mit jedem Arbeitsergebnis beschäftigt haben. Anschließend können die Ergebnisse zu den einzelnen Arbeitsthemen und die entsprechenden Arbeitsschritte im Plenum auf Pinnwänden zusammengeführt werden.

Als Arbeitsergebnis liegen dann die von allen Mitarbeiterinnen und Mitarbeitern diskutierten erforderlichen nächsten Schritte in den verschiedenen Bereichen vor. Im Sinne einer Meilensteinplanung kann nun festgelegt werden, in welcher zeitlichen Perspektive und in welcher Verantwortung diese Schritte umgesetzt und ggf. evaluiert werden.

Methode „Visionen darstellen und konkretisieren"

In schulischen Entwicklungsprozessen fällt es oft schwer, wirklich neue Perspektiven zu erarbeiten oder aufzunehmen. Die Kreativität bewegt sich oft in den engen Grenzen der vorhandenen Gesetze und Verordnungen.

Spielerisch kreative Formen eignen sich, dieses Denken aufzubrechen und auf die Kerninhalte und das Wesentliche zu kommen. Szenische Darstellungen bieten Möglichkeiten, sich einer kommenden, gewünschten, vielleicht sogar idealtypischen Schule anzunähern. So können Sie vorgehen:

Kleingruppen, ideal sieben bis zwölf Personen, haben die Aufgabe, eine Szene aus ihrer Schule zu spielen, wie sie in fünf Jahren ablaufen könnte; z. B. eine Unterrichtssequenz, ein Gespräch im Lehrerzimmer, einen Elternabend, den Besuch der Schulaufsicht in der Schule, den Gewinn eines Schulpreises oder anderes – der Fantasie sind keine Grenzen gesetzt.

Dabei kann auf Moderationskarten notiert werden, was sich ändern sollte oder geändert werden muss, damit diese Spielszene in fünf Jahren Wirklichkeit werden kann. Anschließend können die Änderungsanforderungen danach sortiert werden,

● was man innerhalb der Schule ändern kann,

● was an Verordnungen oder Gesetzen verändert werden muss oder

● was man an sonstigen Veränderungsprozessen anstoßen müsste.

Methode „Diskussionen fokussieren – Inklusion im Heißluftballon"

Diese Methode eignet sich dazu, bei einer Veranstaltung (Fachtagung) wichtige inhaltliche Entscheidungen zu treffen oder für den Entwicklungsprozess relevante Themen zu klären:

Sieben (freiwillige) Teilnehmer setzen sich in die Mitte der Tagungsteilnehmer. Sie sind die Besatzung eines Heißluftballons. Dieser fliegt knapp über dem Meer und hat nicht mehr genügend Brennstoff, um das rettende Ufer zu erreichen. Deshalb muss Ballast abgeworfen werden, d. h. ein Mitfahrer nach dem anderen muss abspringen. Zwar haben alle Schwimmwesten an, aber sie können nur gerettet werden, wenn mindestens einer mit dem Ballon das Ufer erreicht, damit er Hilfe holen kann.

Zuerst muss derjenige ins Wasser springen, der die – den bevorstehenden Schulentwicklungsprozess betreffenden – am wenigsten wichtigen oder nachvollziehbaren Argumente hat. Nach ca. fünf Minuten Diskussion unter den Heißluftballon-Fahrern (die Zeit kann der Spielleiter entsprechend der Intensivität der Diskussion variieren) stimmen die Zuschauer darüber ab, wer den Ballon verlassen und mit seiner Rettungsweste ins kalte Wasser springen muss.

Dann wird die Diskussion unter den Ballonfahrern wieder aufgenommen und nach einiger Zeit wird die nächste Entscheidung über den „Sprung ins Wasser" getroffen usw., bis der letzte Ballonfahrer mit dem wichtigsten „tragenden" Argument das rettende Ufer erreicht. – So kann man spielerisch wichtige Punkte für die künftige Schulentwicklung herausarbeiten.

Kriterien bei der Bewerbung um den Jakob Muth-Preis[54]

Wie lässt sich erfassen, was eine gute inklusive Schule ausmacht? Als Antwort auf diese Frage haben wir mit Hilfe von Schul- und Inklusionsexperten zentrale Qualitätskriterien erarbeitet. Sie sollen der Jury ein vergleichbares Bild von den Bewerbern um den Jakob Muth-Preis ermöglichen. Mit der Zusammenstellung der Kriterien wollen wir aber auch den vielfältigen Anstrengungen und Lösungsansätzen auf dem Weg zu einer inklusiven Schule gerecht werden. Die Kriterien sind in diesem Jahr umfassend aktualisiert und weiterentwickelt worden, auch um verstärkt einem breiten Verständnis der Inklusion Rechnung zu tragen.

Einzelschulbewerbung

Unter den Bewerbungen der Einzelschulen werden die Preisträger auf der Basis ihrer Arbeit in den folgenden Bereichen ausgewählt:

Schule auf dem Weg zur Inklusion: Wie ist die Schule zu einer inklusiven Schule geworden und wie möchte sie sich weiterentwickeln?

Inklusives Lernen: Wie sieht der inklusive Schulalltag für die Schülerinnen und Schüler aus?

Inklusives Lehren und Arbeiten: Wie sieht der inklusive Schulalltag für Mitarbeiterinnen und Mitarbeiter aus?

Inklusion und Leistung: Welche Leistungen erbringen die Schülerinnen und Schüler in unterschiedlichen Bereichen?

Inklusion und Gesellschaft: Wie wirkt die Schule daran mit, den Inklusionsgedanken in ihr Umfeld zu tragen?

Verbundbewerbung

Als Verbund wird die langfristige und regelmäßige Zusammenarbeit mehrerer Schulen unter/ miteinander und sowie mit vorschulischen Einrichtungen und/ oder ambulanten Diensten, Förderzentren o. Ä. bezeichnet, die gemeinsamen inklusiven Unterricht für alle Schülerinnen und Schüler in einem regionalen Kontext sichert und zu einer inklusiven Gesellschaft beiträgt. Die Zusammenarbeit ist für alle Beteiligten durch ein gemeinsames Konzept und Kooperationsverträge gesichert.

---

54 Der Text wurde der Homepage des Jakob Muth-Preise entnommen und kann hier nachgelesen werden: http://www. jakobmuthpreis.de/bewerbung/kriterien/.

Bei den Verbundbewerbungen erfolgt die Auswahl der Preisträger nach ihrer Arbeit in den folgenden Bereichen:

Struktur und Organisation des Verbundes

Zusammenarbeit im Verbund

Zusammenarbeit mit dem Umfeld

(...)

Abb. 19: Das Haus des Lernens hat viele Bewohnerinnen und Bewohner

Kriterien bei der Bewerbung um den Deutschen Schulpreis[55]

Die Qualitätsbereiche des Deutschen Schulpreises

Grundlage des Deutschen Schulpreises ist ein umfassendes Verständnis von Lernen und Leistung. Dieses kommt in sechs Qualitätsbereichen zum Ausdruck. Schulen, die mit dem Deutschen Schulpreis ausgezeichnet werden, müssen in allen Bereichen gut und mindestens in einem Bereich weit überdurchschnittlich abschneiden.

Leistung

Schulen, die gemessen an ihrer Ausgangslage besondere Schülerleistung in den Kernfächern (Mathematik, Sprachen, Naturwissenschaften), im künstlerischen Bereich (z. B. Theater, Kunst, Musik oder Tanz), im Sport oder in anderen wichtigen Bereichen (z. B. Projektarbeit, Wettbewerbe), erzielen.

Umgang mit Vielfalt

● Schulen, die Mittel und Wege gefunden haben, um produktiv mit den unterschiedlichen Bildungsvoraussetzungen, Interessen und Leistungsmöglichkeiten, mit kultureller und nationaler Herkunft, Bildungshintergrund der Familie, Geschlecht ihrer Schülerinnen und Schüler umzugehen,

● Schulen, die wirksam zum Ausgleich von Benachteiligungen beitragen,

● Schulen, die das individuelle Lernen planvoll und kontinuierlich fördern.

Unterrichtsqualität

● Schulen, die dafür sorgen, dass die Schüler ihr Lernen selbst in die Hand nehmen,

● Schulen, die ein verständnisintensives und praxisorientiertes Lernen auch an außerschulischen Lernorten ermöglichen,

● Schulen, die den Unterricht und die Arbeit von Lehrern mit Hilfe neuer Erkenntnisse kontinuierlich verbessern.

---

55 Der Text wurde der Homepage des Deutschen Schulpreises entnommen und kann hier nachgelesen werden: http://schulpreis.bosch-stiftung.de/content/language1/html/53139.asp.

Verantwortung

- Schulen, in denen achtungsvoller Umgang miteinander, gewaltfreie Konfliktlösung und der sorgsame Umgang mit Sachen nicht nur postuliert, sondern gemeinsam vertreten und im Alltag verwirklicht wird,

- Schulen, die Mitwirkung und demokratisches Engagement, Eigeninitiative   und Gemeinsinn im Unterricht, in der Schule und über die Schule hinaus tatsächlich fordern und umsetzen.

Schulklima, Schulleben und außerschulische Partner

- Schulen mit einem guten Klima und anregungsreichen Schulleben;

- Schulen, in die Schüler, Lehrer und Eltern gern gehen;

- Schulen, die pädagogisch fruchtbare Beziehungen zu außerschulischen Personen und Institutionen sowie zur Öffentlichkeit pflegen.

Schule als lernende Institution

- Schulen, die neue und ergebnisorientierte Formen der Zusammenarbeit des Kollegiums, der Führung und des demokratischen Managements praktizieren und die Motivation und Professionalität ihrer Lehrer planvoll fördern;

- Schulen, die in der Bewältigung der Stofffülle, der Verbesserung des Lehrplans, der Organisation und Evaluation des Schulgeschehens eigene Aufgaben für sich erkennen und daran selbstständig und nachhaltig arbeiten.

(Mehr Infos: www.deutscher-schulpreis.de)

Leichte Sprache

Hier einige Hinweis aus dem Ratgeber Leichte Sprache[56]

Benutzen Sie kurze Wörter.

Schlecht: Omnibus

Gut: Bus

Benutzen Sie Verben.

Verben sind Tun-Wörter.

Vermeiden Sie Haupt-Wörter.

Schlecht: Morgen ist die Wahl (…)

Gut: Morgen wählen wir (…).

Vermeiden Sie den Konjunktiv.

Den Konjunktiv erkennt man an diesen Wörtern:

hätte, könnte, müsste, sollte, wäre, würde.

Schlecht: Morgen könnte es regnen.

Gut: Morgen regnet es vielleicht.

Benutzen Sie positive Sprache.

Vermeiden Sie negative Sprache.

Negative Sprache erkennt man an dem Wort: **nicht**.

Schlecht: Peter ist nicht krank.

Gut: Peter ist gesund.

---

56 Der Ratgeber Leichte Sprache wurde durch das Bundesministerium für Arbeit und Soziales in Zusammenarbeit mit dem „Netzwerk Leichte Sprache" erstellt. Er ist online verfügbar unter www.gemeinsam-einfach-machen.de (in die Suchfunktion das Stichwort „Ratgeber" eingeben).

Vermeiden Sie hohe Zahlen und Prozent-Zahlen.

Benutzen Sie Vergleiche oder ungenaue Angaben.

Schlecht: 14.795 Menschen

Gut: Viele Menschen

Schlecht: 14 %

Gut: Einige **oder** wenige

Machen Sie in jedem Satz nur eine Aussage.

Trennen Sie lange Sätze.

Schreiben Sie viele kurze Sätze.

Schlecht: Wenn Sie mir sagen, was Sie wünschen,

kann ich Ihnen helfen.

Gut: Ich kann Ihnen helfen.

Bitte sagen Sie mir:

Was wünschen Sie?

Benutzen Sie eine einfache Schrift.

Die Schrift muss gerade sein.

Schlecht:

Times New Roman

Courier New

Gut:

Arial

Lucida Sans Unicode

Tahoma

Verdana

(…)

Tipps und Tricks für das Prüfen

Zeigen Sie oder sagen Sie:

Das haben Sie verstanden.

Das haben Sie nicht verstanden.

Zum Beispiel:

Benutzen Sie farbige Klebe-Punkte.

Kleben Sie die Punkte neben den Text.

Oder benutzen Sie farbige Stifte.

Rot heißt: Sie haben diesen Satz nicht verstanden.

Grün heißt: Dieser Satz ist gut.

Oder:

Malen Sie ein Gesicht dazu.

Lachendes Gesicht heißt: gut.

Trauriges Gesicht heißt: schlecht.

Interessante Texte

Bundesverband evangelische Behindertenhilfe e.V. (Positionspapier): „Von der Integration zu Bildungseinrichtungen, für die Inklusion selbstverständlich ist" (2008). Das Dokument steht als kostenloser Download zur Verfügung unter www.beb-ev.de und www.bebnet.de – jeweils in der Rubrik „Fachthemen".

Der Paritätische NRW: „Der Barriere-Checker. Veranstaltungen barrierefrei planen". Das Dokument steht als kostenloser Download zur Verfügung unter www.paritaet-nrw.org (in die Suchfunktion das Stichwort „Barriere-Checker" eingeben).

Deutsche UNESCO-Kommission: Bonner Erklärung zur Inklusiven Bildung in Deutschland (2014). Das Dokument steht als kostenloser Download zur Verfügung unter www.unesco.de (in die Suchfunktion das Stichwort „Bonner Erklärung 2014" eingeben).

Deutscher Verein für öffentliche und private Fürsorge e.V.: Erstes Diskussionspapier des Deutschen Vereins zu inklusiver Bildung. Das Dokument von 2011 steht als kostenloser Download zur Verfügung unter https://www.deutscher-verein.de (in die Suchfunktion das Stichwort „inklusive Bildung" eingeben).

Deutsches Institut für Menschenrechte: „Inklusive Bildung: Schulgesetze auf dem Prüfstand" (Studie 2015). Das Dokument steht als kostenloser Download zur Verfügung unter www.institut-fuer-menschenrechte.de (in die Suchfunktion das Stichwort „Schulgesetze" eingeben).

Kultusministerkonferenz: Inklusive Bildung von Kindern und Jugendlichen mit Behinderungen in Schulen (Beschluss vom 20.10.2011). Das Dokument steht als kostenloser Download zur Verfügung unter http://www.kmk.org/fileadmin/veroeffentlichungen_beschluesse/2011/2011_10_20-Inklusive-Bildung.pdf.

Weiterführende Literatur

Bertelsmann Stiftung u.a.: Gemeinsam lernen – Auf dem Weg zu einer inklusiven Schule. Verlag Bertelsmann Stiftung, 2012

Fischer, C.: (Keine) Angst vor Inklusion. Herausforderungen und Chancen gemeinsamen Lernens in der Schule. Waxmann Verlag Münster 2015

Fischer, H. / Holtappels, H.-G. / Klieme, E. / Rauschenbach, Th. / Stecher, L. / Zürchner, I. (Hrsg.): Ganztagsschule. Entwicklung, Qualität, Wirkungen. Längsschnittergebnisse der Studie zur Entwicklung von Ganztagsschulen. Weinheim und Basel: Beltz 2011

Heyer, P. / Preuss-Lausitz, U. / Schöler, J. (Hrsg.): „Behinderte sind doch Kinder wie wir!" Gemeinsame Erziehung in einem neuen Bundesland. Berlin: Wissenschaft und Technik Verlag 1997

Ingenkamp, K./Lissmann, U. (2005): Lehrbuch der Pädagogischen Diagnostik, Weinheim: Beltz.

Jerg, J. / Thalheim, S. / Schumann, W. (Hrsg.): Vielfalt gemeinsam gestalten. Inklusion in Kindertageseinrichtungen und Kommunen. Erfahrungen und Erkenntnisse aus dem Projekt IQUAnet, Reutlingen 2014

Klemm, K.: Inklusion und Exklusion im Zeitverlauf 2001 bis 2013. Datenauswertung auf der Grundlage der KMK-Zahlen, Skript Februar 2014

König, A.: Ganzheitliches Bildungsverständnis als Schlüssel zur Inklusion. Chancen des Elementarbereichs als Ort gemeinsamen Lernens. In: Gemeinsam Leben, 21/4, 2013, 196-205

Kron, M.: Barrierefreie Passagen in inklusiver Erziehung und Bildung. Der Übergang von der Kindertageseinrichtung zur Schule. In: Moser, V. (Hrsg.): Die inklusive Schule. Standards für die Umsetzung. Stuttgart: Klett Kallmeyer 2012, 101-114

Lindemann, H. (Hrsg.): Praxishandbuch zur Inklusion an Oldenburger Schulen. pdf-Download: http://www.oldenburg.de/fileadmin/oldenburg/Benutzer/Bilder/51/Schulwebsite/Praxishandbuch_Inklusion_Final_web-1.pdf

Meijer, C. J.W. (Hrsg.): Finanzierung der sonderpädagogischen Förderung. Eine Studie über den Zusammenhang zwischen Finanzierung und sonderpädagogischer bzw. integrativer Förderung in 17 europäischen Staaten. Middelfart: European Agency for Development in Special Needs Education, 1999

Mißling, S. / Ückert, O.: Inklusive Bildung: Schulgesetze auf dem Prüfstand (Studie). Deutsches Institut für Menschenrechte. Berlin 2014

Montag Stiftung Bonn (Hrsg.): Schulen planen und bauen. Grundlagen und Prozesse. Seelze: Friedrich 2012

Montag Stiftung Jugend und Gesellschaft Bonn (Hrsg.): Inklusion vor Ort – Der kommunale Index für Inklusion – Ein Praxishandbuch. Deutschen Verein für öffentliche und private Fürsorge e.V. Berlin 2011

Montag Stiftung Jugend und Gesellschaft Bonn (Hrsg.): Inklusion auf dem Weg. Das Trainingshandbuch zur Prozessbegleitung, Deutschen Verein für öffentliche und private Fürsorge e.V., Berlin 2015

Prengel, A.: Humane und entwicklungs- und leistungsförderliche Strukturen im inklusiven Unterricht. In: Moser, V. (Hrsg.): Die inklusive Schule. Standards für die Umsetzung. Stuttgart 2012, 175-183

Prengel, A.: Inklusive Bildung in der Primarstufe. Eine wissenschaftliche Expertise des Grundschulverbandes. Frankfurt/M: Grundschulverband, 2013

Preuss-Lausitz, U.: Inklusionsentwicklung in Deutschland unter Aspekten von Gerechtigkeit, Effektivität und Schulentwicklung. Vorlage für die Expertenkommission Inklusion der Deutschen UNESCO-Kommission, März 2013

Preuss-Lausitz, U.: Muss eine inklusive ‚Schule für alle‘ die Auflösung des gegliederten Schulsystems zur Folge haben? In: Brodkorb, M. / Koch, K. (Hrsg.): Inklusion – Ende des gegliederten Schulsystems? Schwerin: Ministerium für Bildung, Wissenschaft und Kultur 2012, 19-47

Preuss-Lausitz, U.: Untersuchungen zur Finanzierung sonderpädagogischer Förderung in integrativen und separaten Schulen. In: Eberswein, H. / Knauer, S. (Hrsg.): Integrationspädagogik. 7. Aufl., Weinheim und Basel: Beltz 2009, 514-524

Rademacher, H. / Altenburg-van-Dieken, M. (Hrsg.): Konzepte zur Gewaltprävention in Schulen. Berlin 2011

Reich, K.: Inklusive Didaktik. Bausteine für eine inklusive Schule. Beltz 2014

Reich, K.: Inklusion und Bildungsgerechtigkeit. Standards und Regeln zur Umsetzung einer inklusiven Schule. Beltz 2012

Schnell, I. / Sander, A. / Federolf, C. (Hrsg.): Zur Effizienz von Schulen für Lernbehinderte. Forschungsergebnisse aus vier Jahrzehnten. Bad Heilbrunn: Klinkhardt 2011

Schöler, J.: Alle sind verschieden: Auf dem Weg zur inklusiven Schule. Beltz Praxis 2009

Speck, O.: Schulische Inklusion aus heilpädagogischer Sicht. Rhetorik und Realität. München: Ernst Reinhardt Verlag, 2011

von Saldern, M.: Grundlagen systemischer Organisationsentwicklung. Verlag Schneider Hohengehren, 1998

von Saldern, M.: Systemische Schulentwicklung. Von der Grundlegung zur Innovation. Books on Demand 2010

von Saldern, M.: Inklusion. Deutschland zwischen Gewohnheit und Menschenrecht. Books on Demand 2012

von Saldern, M.: Inklusion II. Umgang mit besonderen Merkmalen. Books on Demand 2013

Walter-Klose, Chr.: Kinder und Jugendliche mit Körperbehinderung im gemeinsamen Unterricht. Befunde aus nationaler und internationaler Bildungsforschung und ihre Bedeutung für Inklusion und Schulentwicklung. Oberhausen: Athena 2012

Watkins, A. (Hrsg.) (2007): Assessment in inklusiven Schulen. Bildungspolitische und praxisorientierte Aspekte. European Agency for Development in Special Needs Education. Odense, Middelfart: Europ. Agentur für Entwicklungen in der Sonderpädagogischen Förderung.

Werning, R. / Avci-Werning, M.: Herausforderung in Schule und Unterricht: Grundlagen – Erfahrungen – Handlungsperspektiven. Kallmeyer, 2015

Werning, R. / Arndt, A.-K.: Inklusion: Kooperation und Unterricht entwickeln. Julius Klinkhardt, 2013

Werthem, K.v.: Knotenpunkt Schulstation. Bildung im Zusammenhang von Familie, Schule und Jugendhilfe. Saarbrücken 2007

Winter, G. / Göppel, R.: Trainingsraum für Störer? In: Pädagogik (63), 2011, 46-47

Wocken, H.: Leistung, Intelligenz und Soziallage von Schülern mit Lernbehinderung. Vergleichende Untersuchungen an Förderschulen in Hamburg. In: Z. f. Heilpädagogik (51), H. 12/2000, 492-503

Wocken, H.: Im Haus der inklusiven Schule. Grundrisse - Räume – Fenster. Hamburg (Feldhaus) 2014

Wocken, H.: Zum Haus der inklusiven Schule. Ansichten - Zugänge – Wege. Hamburg (Feldhaus) 2013

Wocken, H.: Das Haus der inklusiven Schule. Baustellen - Baupläne – Bausteine. Hamburg (Feldhaus) 2011

Über die Autoren

Wilfried Steinert arbeitet seit 2010 freiberuflich als Bildungsexperte zu den Themen „Inklusive Bildung" und „Entwicklung inklusiver Bildungsregionen" (Beratung, Fortbildung, Coach). Der einstige Kirchenschulrat der Evangelischen Kirche Berlin-Brandenburg und Schulleiter der Waldhofschule Templin ist u. a. Mitglied in folgenden Gremien:

- „Expertenkreis Inklusive Bildung" der Deutschen UNESCO-Kommission

- Wissenschaftlicher Fachbeirat „Inklusion" des MBJS Brandenburg (Sprecher)

- Jury „Jakob-Muth-Preis" und „Deutscher Schulpreis"

- Projekt „Kommunaler Index für Inklusion" der Montag Stiftung

- Redaktionsbeirat der Zeitschrift „Die Deutsche Schule"

Mit diesem Buch folgt er der Aufforderung vieler Menschen, seine Erfahrungen und Kompetenzen aufzuschreiben und Handlungsperspektiven für Schulen aufzuzeigen, die inklusiv arbeiten möchten. Das Credo Wilfried Steinerts, der begeistert Zitate sammelt und verfasst, lautet: „Wenn wir ein Kind nicht auf seine Mängel fixieren, sondern es in seinen unerschöpflichen Ressourcen sehen, können wir Zukunft gestalten." – Kontakt und weitere Infos: www.der-bildungsexperte.de

Stephan Lüke hat sich 2003 nach 22jähriger Tätigkeit bei Tageszeitungen als Journalist mit dem Schwerpunkt Bildung selbstständig gemacht. Der Fachjournalist begleitet Stiftungen und Kommunen bei der Entwicklung von Strukturen, die die Bildungsgerechtigkeit stärken. Beispielhaft sei der Lübecker Bildungsfonds genannt. Stephan Lüke hält Vorträge („Transfer ist wichtig") und bietet Seminare (Öffentlichkeitsarbeit für Schulen / Kommunikation mit Eltern in Kita und Schule) an.

Der gebürtige Bonner schreibt für Printmedien und Online-Portale, moderiert Fachtagungen und Podiumsdiskussionen. Er gestaltet bildungspolitische Broschüren, erstellt Kongressdokumentationen, berät und unterstützt bildungsnahe Institutionen sowie Schulen bei ihrer Öffentlichkeitsarbeit. Er ist mit der Bildungsjournalistin Inge Michels verheiratet und hat mit ihr das Buch „Was Eltern bewegt: Die richtige Schule" (Klett/Kallmeyer) veröffentlicht. – Kontakt und weitere Infos: www.derbildungsjournalist.de

Inge Michels ist Diplom-Pädagogin (Univ.) und Bildungsjournalistin. Sie arbeitet als Autorin, Trainerin (Rhetorik für soziale Berufe / Presse- und Öffentlichkeitsarbeit) und Moderatorin von Fachtagungen und Diskussionen. Als Moderatorin führt sie relevante Aspekte aus den Themen Bildung und Familie zusammen und plädiert dafür, beide Bereiche zusammen zu denken.

Bevor sie sich 2007 selbstständig machte, war sie als Zeitungsredakteurin und als wissenschaftliche Referentin für verschiedene Familienverbände tätig. Sachverstand und journalistische „Schreibe" so zusammenzubringen, dass Wissenschaft verständlich wird, ist ihr ein großes Anliegen. Über eine gelungene Überschrift freut sie sich deshalb genauso wie über einen gelungenen Text.

Zusammen mit dem Neurobiologen Gerald Hüther hat sie das Buch „Gehirnforschung für Kinder: Felix und Feline entdecken das Gehirn" (Kösel) geschrieben. Inge Michels ist Mutter von zwei Töchtern und mit dem Bildungsjournalisten Stephan Lüke verheiratet. Kontakt und weitere Infos: www.familientext.de / www.bildung-moderieren.de.

Stichwortverzeichnis